ESCUCHA
MIS PALABRAS

Un diálogo con Dios

Si este libro le ha interesado y desea que lo mantengamos
informado de nuestras publicaciones, puede escribirnos a
comunicacion@editorialsirio.com,
o bien registrarse en nuestra página web:
www.editorialsirio.com

Diseño de portada: Editorial Sirio, S.A.

©   de la edición original
    María Lizón, 2010

©   de la presente edición
    EDITORIAL SIRIO, S.A.

EDITORIAL SIRIO, S.A.	NIRVANA LIBROS S.A. DE C.V.	ED. SIRIO ARGENTINA
C/ Rosa de los Vientos, 64	Camino a Minas, 501	C/ Paracas 59
Pol. Ind. El Viso	Bodega nº 8,	1275- Capital Federal
29006-Málaga	Col. Lomas de Becerra	Buenos Aires
España	Del.: Alvaro Obregón	(Argentina)
	México D.F., 01280	

www.editorialsirio.com
sirio@editorialsirio.com

I.S.B.N.: 978-84-7808-854-6
Depósito Legal: MA-1892-2013

Impreso en Imagraf

María Lizón

ESCUCHA
MIS PALABRAS

Un diálogo con Dios

editorial Sirio

A ti, que escuchas con el corazón

INTRODUCCIÓN

Este libro ha sido creado para cada uno de vosotros, sin distinción alguna. Ha llegado el momento de que podáis acceder a un mensaje destinado a toda la humanidad. La Vida os llama con fuerza para desentrañar su propio misterio y para que seáis sus verdaderos artífices. Son tiempos de cambios profundos, cambios que traen novedades y un destino irrefutable, el cual viene acompañado de una mayor apertura y que se identifica con el aspecto de unidad del universo. La llamada del Uno reverbera incesante, desde el principio. Ha dejado una huella imborrable, como un diapasón que marca el ritmo de la Creación. Venid, pues, y lo reconoceréis como un soplo vivo que despeja toda duda. Está aquí, esperando a que lo escuchéis, pues no ha dejado de hablaros ni un instante.

Las palabras de este libro se dirigen a vosotros con la Luz que anima toda vida, han sido vertidas desde una Voz inextinguible y su fuente es el Amor. Una Verdad fluye para adentrarse en vuestros corazones, y desde allí se producirá el reencuentro con Aquel que os habla.

No es este un libro de ficción, sino una «Realidad» que sobrepasa los límites de la razón humana. He aquí su Presencia, y hoy más que nunca su Palabra se hace visible para todos. Así es y así viene para celebrar el encuentro, mostrándose con unos diálogos que revelan la Verdad que tanto anhelamos conocer y poniendo el acento en la pureza del corazón que sabe escuchar.

No soy yo quien os habla, sino Aquel que me envía para dar testimonio de Él. Le reconoceréis, si estáis en paz, iluminando todo vuestro ser. La Vida nos llama con un único propósito: el Amor.

MARÍA LIZÓN

Se hizo presente, me estaba llamando, sin duda era Él. Conversamos durante meses, casi a diario. Su Voz no era una voz cualquiera. Se hacía eco dentro de mí como la más bella de las melodías jamás escuchada.

Inconfundible, siempre estaba ahí, desde el principio.

En el principio era el Verbo, y el Verbo estaba con Dios, y el Verbo era Dios. Él estaba en el principio con Dios. Todas las cosas fueron hechas por Él, y nada de lo que se hizo fue hecho sin Él...
Juan 1, 1-3

1 de octubre

Sentada en la cima de la montaña, frente al mar, inundada de paz, escucho las primeras palabras de esa Voz, que se prolonga más allá del tiempo y el espacio:

—Escucha mis palabras. Mi Voz es tu voz, mi Aliento da vida a cada palabra que tú escuchas. Atiende, ha llegado la hora de compartir la Verdad. Sostén mi pluma, te la ofrezco a ti, ahora, para que escribas. Pregúntame, yo te responderé.

—*¿Qué quieres que escriba?*

—No te abandones. La vida eres tú. Tu sufrimiento te castiga, te aniquila, es tu propio verdugo. ¿Qué te propones hacer? ¿Lamentarte sin más? Eso es un callejón sin salida. ¿Qué más quieres? La vida surge del Amor. Tú eres hija del Amor que todo lo crea.

—*¿Qué puedo hacer, entonces?*

—Date una vuelta, observa la vida. Unos van y vienen, sin cesar, como máquinas, viven en una constante ceguera. Tienen prisa. ¿Por qué? La muerte los guía.

—*¡Qué panorama, Dios mío! ¿Cómo puedo salir de aquí?*

—Tú eres la salida. La llave eres tú. Sal cuanto antes de ahí, o estarás perdida. Tras la ventana la luz del Sol brilla ante tus ojos, que buscan la salida.

—*¿Tengo que salir a la calle. Y después, ¿hacia dónde voy?*

—¿Hacia dónde vas?

—*Me siento angustiada aquí, donde estoy viviendo. Me falta el aire... No sé adónde ir...*

—¡Temes vivir! Tienes miedo, y te paralizas. No tomas decisiones importantes en tu vida. Solo eliges qué comer, beber, vestir... ¡Decide lo que verdaderamente quieres hacer aquí y ahora!

—*¿Decidir?*

—Tener decisión es abrir puertas que están cerradas ante ti. Tú puedes franquear esas puertas con tu poder de decisión. ¡Es así de sencillo! El poder del Espíritu puede mover todos los obstáculos que halles en la vida terrenal.

2 de octubre

—*¿Decisión? Esta palabra se remueve con fuerza dentro de mí... Es cierto. Nunca he tomado decisiones importantes. ¡Guíame, por favor! Siento que soy demasiado pequeña para tomar decisiones de verdad.*

—Cada vez que naces en este mundo te enfrentas a una vida. Eres producto de todas las encarnaciones pasadas. Ahora estás aquí, sola, angustiada y sin ver cómo salir de la ratonera. No enfocas tu problema correctamente. De este modo, no hallarás la solución, y así darás vueltas, infinitas vueltas, dentro de tu propia cárcel mental. Tu problema es una pura y simple invención de la mente.

—*Entonces, ¿si decido ser feliz...?*

—¡Eres feliz!

—*Pero no es tan sencillo cuando otras personas muy cercanas se sienten infelices... Me contagian su infelicidad, y siento que muero...*

—Hay momentos para estar solo y momentos para compartir con los demás.

—*¿Qué quieres decir?*

—Aléjate cuando veas que se aproxima el oleaje. Vuelve con ellos cuando las aguas se calmen.

—*¿Por qué siento que no avanzo en mi vida exterior? Sin embargo, mi vida interior es más fructífera...*

—Es una cuestión de preferencias... No subestimes nada. No existe lo interno sin lo externo. Debes enfocar la meditación correctamente. No es para que la utilices como un camino de olvido del mundo exterior. Al contrario, su función consiste en aprender a observar ese mundo desde el Ojo que todo lo ve. Así, tú no sufres por lo que estás viendo, porque te das cuenta de que todo es un producto de la imaginación humana. ¡Un sueño, nada más!

—*¡No lo he estado haciendo muy bien!*

—Así es.

3 de octubre

—*Llevo más de diez años practicando la meditación, y me he alejado demasiado del mundo...*

—Has creado un desequilibrio, una dualidad que no alcanzas a ver. Distingues, clasificas, comparas entre una vida espiritual y otra mundana. Sin embargo, solo existe una Vida.

—*¿Cómo puedo unir ambas vidas?*

—¡Ama!

—*¿Amar?*

—¡Sí! El Amor es el puente que une ambas orillas. Únicamente tú puedes experimentarlo. Cada uno de vosotros os convertís en ese puente con la acción nacida del Amor.

—*¿Qué es el Amor?*

—Pura acción, puro conocimiento. La Llama viva que hace nacer la Vida.

—*¿Y qué ocurre cuando al meditar me extasío?*

—Tú eres el Amor.

6 de octubre

—*¿Quién responde a estas preguntas?*

—¡Tú lo sabes!

—*¿Cómo?*

—Lo estás sintiendo, pero no logras darle un nombre.

—*¡Sí, es cierto! ¿Tienes un nombre?*

—¿Para qué necesitas un nombre? Lo que tú sientes es más que un nombre. Es lo innombrable.

—*Entonces, ¿eres Dios?*

—Dios es una palabra. Así me suelen llamar.

—*¡Comunicarme Contigo me parece un milagro!*

—La corriente de Vida es el Verbo. Siempre estoy presente. ¿Milagro? Yo Soy el inventor de todo milagro.

—*¿Cómo se hace un milagro?*

—Es la causa de un poder de convicción que nace de una única Fuente. Yo Soy esa Fuente.

7 de octubre

—*Hoy me siento triste y sola. ¿Tan difícil resulta vivir eternamente felices?*

—¿No tienes suficiente?

—*No comprendo.*

—No te contentas con lo que tienes. Quieres más. Quizás lo que deseas no es lo que necesitas. Consientes en dejar entrar dentro de ti un deseo por algo, y como consecuencia de ello sufres por no lograrlo. ¿A qué te lleva eso? A la desgracia. Quien acapara bienes en la Tierra, termina por ser el más pobre en el Cielo. ¿Por qué no confías en Mí?

8 de octubre

—*¡Si confío en Ti plenamente, dejo de sufrir…!*

—Dejas de desear.

—*¿Y cómo se puede salir de ese círculo vicioso del deseo que nos lleva al sufrimiento?*

—Confiando en Mí. Aquellos que confían en Mí sienten que ya lo tienen todo. Yo Soy el Todo. ¿A qué esperas para confiar en Mí?

—*¡Vale! Ya no quiero esperar más. Quiero confiar en Ti. ¿Es así de simple?*

—La simplicidad te dirige hacia Mí, empezando por ti.

—*¿Qué quieres decir?*

—A medida que te vas adentrando en las profundidades del ser, descubres que no estamos separados. Yo no estoy arriba, ni tú estás abajo, como soléis pensar.

17

—*¿Tan simple es adentrarse en las profundidades de nuestro ser?*

—Habéis olvidado respirar profundamente. La respiración hace más sencillo el camino hacia quienes somos.

—*¿Quiénes somos?*

—¡Somos Uno!

—*Entonces, respirando profundamente, descubrimos que yo soy Tú y Tú eres yo...*

—El aire que respiráis tiene un poder que todavía la mayoría de vosotros desconocéis.

—*¿Y cuál es ese poder?*

—Es el poder de la Reconciliación. El aire es un alimento que debéis aprender a tomar.

—*¡Vaya! No sabía que la respiración fuera tan importante...*

—Cada uno de vosotros respiráis para seguir vivos en la Tierra. Pero lo que no sabéis todavía es que con ese aire despertaréis al nuevo ser humano que está por venir.

—*¿Un nuevo ser humano?*

—Ese poder de Reconciliación es vuestra transformación atómica.

—*Un momento... ¿Eso qué significa?*

—El acto consciente de la respiración abrirá todas las puertas de vuestro ser. Vuestra conciencia se elevará de tal manera que lograréis modificar la vibración energética de vuestros órganos vitales. Ello llevará al nacimiento del cuerpo de luz, por lo que vuestro cuerpo de carne será más sensible a sus altas vibraciones.

11 de octubre

—*Pero todo esto puede resultar muy difícil de lograr, cuando las circunstancias de la vida nos lo impiden.*

—Todos vosotros estáis llamados a la Reconciliación. ¡Soy paciente!

—*¿Eso significa que nuestro destino es convertirnos en Seres de Luz?*

—Se trata solo de un paso más en vuestra evolución.

—*¿Qué quieres decir?*

—Los Seres de Luz, tal y como soléis llamarlos, se hallan también en su ciclo evolutivo. Ellos no dejan de crecer en Mí. Nada se detiene, todo progresa.

—*¡Esto es maravilloso! ¡Si eres eterno, nuestro progreso es eterno!*

—Piensas en la eternidad como algo que tiene medida, pero que no eres capaz de medir.

—*Porque no llego a comprender muy bien lo que significa «la eternidad». Es cierto que en este mundo nos pasamos la vida midiendo el espacio y el tiempo, por lo que «la eternidad» nos resulta impensable.*

—Tú lo has dicho. La eternidad es impensable cuando limitáis el ser, vuestra vida, con un tiempo y un espacio. La eternidad es un estado del ser interior que ha salido de toda ilusión creadora del tiempo y del espacio.

12 de octubre

—¡La Reconciliación Contigo es la eternidad...!

—Yo Soy la eternidad.

—*Y antes de que todo esto suceda, nos pasaremos la vida viviendo de ilusiones, inmersos en un tiempo y un espacio que nos hemos creado para nosotros mismos.*

—Sois creadores imitando a su Creador. Mi poder es vuestro poder. Vuestra capacidad de creación daría más de sí, si confiarais más en Mí. Ahora os contentáis con pequeñas creaciones particulares, que limitáis en vuestro tiempo y espacio. Ese pequeño universo es pobre, frágil, perecedero. En él nacéis y morís. Encarnación tras encarnación, repetís lo mismo una y otra vez. Dais vueltas y más vueltas, limitando vuestro poder creativo.

—*¿Por qué nos estamos limitando de esta manera? ¿Cómo no nos damos cuenta de ello?*

—¡Dejad de pensar que sois limitados! La capacidad creadora nace con la acción de un pensamiento. La energía proyectada de un pensamiento no halla fronteras en su recorrido. Solo vosotros ponéis los límites. ¡Confiad en vuestro poder de creación, que es ilimitado!

13 de octubre

—*Y si esta limitación cesa definitivamente, ¿dejamos de nacer y morir?*

—Dejaréis de nacer de la carne, dejaréis de morir en la carne. Renaceréis vestidos de luz, conquistando nuevos mundos, Reconciliación tras Reconciliación.

—*Ahora mismo no sé qué decir, mi mente se ha quedado en blanco.*

—No digas nada. Mantente atenta.

—*¿Atenta?*

—Al silencio, tu silencio.

—*¿Mi silencio?*

—Tu silencio es mi silencio.

—*Oigo el silencio, sí, parece que esté cantando.*

—Yo Soy esa música.

14 de octubre

—*¡Como un ultrasonido!*

—La vida no se detiene, avanza, y este movimiento proyecta el poderoso sonido que creó todo el universo. Por lo tanto, toda criatura, todo ser viviente, desde una piedra o la hoja de un árbol hasta las olas del mar, en definitiva, toda la Creación vibra al unísono con el primer sonido que dio la Vida.

—*De esa forma, ¡ese primer sonido fue el origen de la Vida!*

—La Armonía concretizó la materia de los mundos vivientes. Como consecuencia de ello, todo se mueve al compás de su Creador.

—*¡Tú, su Creador!*

—Yo Soy.

—*¡Como un músico, un director de orquesta! ¿Qué es la «Música de las Esferas»?*

—Cuando fuisteis creados.

—*No lo comprendo muy bien.*

—Tu intelecto no puede abarcarlo.

—¿*Tendría que morir para comprenderlo?*

—Tendrías que ser Yo.

—*Pero yo soy tu hija, y no puedo ser Tú.*

—En Mí hallarás la respuesta. Todos mis hijos que vienen a Mí no se distinguen entre ellos y Yo. Han comprendido que nada nos separa.

—¿*Significa eso que podemos llegar a ser como dioses?*

—Nacéis en Mí, volvéis a Mí.

—*¡Comprendo!*

—¿Comprendes?

15 de octubre

—*Lo sé. Ahora mi comprensión está limitada. Cuando me reconcilie Contigo, comprenderé. ¡Jesucristo y otros como él ya comprenden!*

—Todos poseéis la capacidad de avanzar, sin límites. Nadie queda excluido de ello. Reconocerlo es avanzar, crecer, comprender. Vuestra intención es lo que cuenta. Así de sencillo.

—*¡Parece tan fácil!*

—Depende de ti que así lo sea.

—*A veces resulta muy difícil allanar el camino. Nos sentimos decaídos, sin fuerza, y no vemos una luz que nos guíe.*

—El sufrimiento os hace el camino más pesado, pero no por eso dejáis de avanzar.

16 de octubre

—*¿Sufriendo también avanzamos hacia Ti? Pensaba que era como ir hacia atrás, estancarse.*

—El sufrimiento es una purificación, una especie de purga para vuestra alma. Vuestro dolor no me es indiferente. Lo comparto con vosotros porque os amo. Nunca os abandona Aquel a quien le suplicáis su ayuda. No os debéis desanimar cuando vuestras fuerzas flaqueen. Más bien, tened presente que Yo habito en cada uno de vosotros, sin distinciones.

17 de octubre

—*¡Gracias, Dios, gracias por no abandonarnos nunca! Ahora estoy atravesando por un momento difícil. No encuentro trabajo, por lo que dependo económicamente de mis padres. ¿Qué puedo hacer?*

—Pones obstáculos en tu mente. No dejas que tu energía fluya hacia su destino. ¡Trabaja lo que acabas de empezar, porque así verás la solución a tu problema!

—*Pero ¿qué hay que trabajar?*

—Lo que tienes entre manos en este instante.

—*Sigo sin comprender.*

—¡Es evidente! Te sumerges en el pesimismo la mayor parte del día, y olvidas.

—*¿Qué olvido?*

—Me olvidas. Te olvidas.

—*Es cierto. Te olvido cada vez que me siento mal.*

—Ahora, en este instante, ¿qué estás haciendo?

—*¡Escribo! Escribo nuestras conversaciones. ¡Esto hace que me sienta tan bien…! Respondes a todas mis preguntas con tu Amor inconmensurable. Y cuando lo haces, me siento viva y feliz. Y me digo, dichosa: «¡Dios existe!».*

—¡Escribe! Considéralo un trabajo. ¡Ya tienes trabajo!

—*¡Dios mío! Siempre quise ser escritora, y ahora mi sueño se ha hecho realidad. Gracias, gracias, mil gracias.*

—Tú lo has hecho realidad. En tus oraciones pedías que te inspirase para escribir un libro que hablara de Mí. Te ofrecías para convertirte en la mano por la cual Yo escribiera, ¿recuerdas?

—*¡Sí!*

—¿Pensabas que no te escuchaba?

20 de octubre

—*No estaba totalmente segura.*

—Siempre atiendo vuestras súplicas. Teméis que no os escuche, y vuestro temor ralentiza prácticamente todos los movimientos de la vida. Detenéis la inspiración venida de Mí. No lo sospecháis, y caéis rendidos, sin esperanza, agobiados. ¡Levantad las corazas de vuestro ser, ahuyentad los miedos y creced sabiendo que nunca os he abandonado ni un instante!

—*¡Hay que tener fe! Ya se sabe: «La fe mueve montañas».*

—La fe conmueve, hace florecer cada uno de los gestos con la abundancia que nunca se acaba, camina alentada con el ánimo despierto de la alegría. No se detiene, avanza, abre nuevos horizontes desconocidos, insospechados. No tiene miedo. Convierte la vida en un Amor sin fin, por lo que todo se transforma a su paso y nada queda fuera de ella.

21 de octubre

—*¿Cómo se puede alcanzar tal fe?*

—Sois capaces de todo. Continuáis esperando lo que en verdad albergáis en vosotros mismos. ¿No os cansáis de esperar? Esto que ya os anuncio, lo han comprendido solo unos pocos de vosotros desde el principio de los tiempos. Ellos supieron ver la esencia de su naturaleza divina, como individuos de una humanidad renovada y conciliadora. Coincidieron en presentar la conciencia reveladora del ser que une, manifestando con matices las virtudes que lo caracterizan como tal. Cada uno supo imprimir una huella inconfundible, imborrable, en el carácter de la creciente humanidad. Ahora todo queda en vuestras manos. El relevo se ha producido.

—*¡Como Jesucristo, Buda…! La humanidad, cada uno de nosotros, debería tomar ejemplo de estos seres superiores.*

—Ellos abrieron el camino. A vosotros os queda descubrirlo y saber que os une a ellos. Meditad, pues, sobre el hecho de que no estáis solos, que ya hay una avanzadilla que os muestra hacia dónde vais. Ellos ya son lo que llegaréis a ser el día de mañana. Forma parte de vuestra evolución y, en consecuencia, progresáis hacia vuestro destino inmediato. Antes o después, construiréis ese camino juntos, como un solo ser.

22 de octubre

—*¡Un futuro próspero para la humanidad!... Los tiempos actuales no son muy buenos que digamos: mires por donde mires ves desigualdades, intolerancia, violencia, hambre, guerras...*

—Vuestro progreso no se detiene aquí. Las vicisitudes de la vida modelan vuestro ser, y no por eso tenéis que sucumbir. Cada dificultad es un triunfo en el futuro, aunque esto os suene raro ahora. Trabajáis la materia densa como un artesano moldea la arcilla. Consideráis que la vida que os rodea no es digna de vosotros, pero ¿no habéis pensado que todo eso lo habéis construido vosotros mismos?

—*Entonces, ¡nosotros hemos creado los males del mundo!*

—No son más que el reflejo de lo que albergáis en vuestro interior. La negatividad que soléis emitir construye mundos cercanos a vosotros. Los alimentáis cada vez que sentís ese estado negativo. Todos estáis contribuyendo a ello, en mayor o menor medida.

—*¡Vaya! Es verdad.*

—Eso forma parte de vuestra evolución. Las cadenas se irán rompiendo, caerán, y seréis conscientes de ello sin que nadie os lo diga. Os liberaréis vosotros mismos de vuestros propios grilletes, porque habréis elegido ser libres.

—*¡Siento esa libertad como algo tan grande...! ¿De qué libertad se trata?*

—La que todos vosotros anheláis. Conscientes o no, la estáis sintiendo. Es la esencia misma de vuestro ser, la raíz por la cual se alimenta el «Árbol de la Vida».

—*¿Qué es el «Árbol de la Vida»?*

—Fuisteis creados en él. El Árbol de la Vida manifiesta las diferentes presencias de Mí mismo.

—*¿Diferentes presencias? ¡No comprendo muy bien!*

—Como una escala musical. Cada nota emite un sonido en contraste con el siguiente, y así sucesivamente. Esos sonidos forman un todo y se relacionan entre sí con un fin común: enriquecerse en armonía perfecta.

—*¿Es como si cada una de tus presencias emitiera un sonido, una vibración distinta?*

—Es un Todo integrador de Vida que se manifiesta vibrando de mayor a menor intensidad. A mayor Amor, más próximo a Mí, mayor vibración.

—*Es decir, ¡los seres que más aman poseen unos cuerpos con una energía más sutil! ¿Es como si el Amor los convirtiera en invisibles, finalmente?*

—Solo son invisibles para aquellos que se hallan ajenos al Amor que emana de Mí. Se hacen más reales a los ojos de quien todo lo ve.

—*Supongo que la mayoría de la humanidad no los verá.*

—Así es.

26 de octubre

—*Nuestra falta de amor nos hace estar tan ciegos…*

—Vuestro momento llegará, y veréis. La Vida os ofrece todo, pero no por ello estáis preparados para tomarlo. Soléis saciaros con unas simples migajas, y así quedáis satisfechos. Sin embargo, al poco tiempo, volvéis a estar hambrientos, a sentiros pobres, miserables y solos.

—*Parece que nos conformamos con una vida materialista y olvidamos nuestra naturaleza divina.*

—¡Camináis sin rumbo, dando tumbos, y no reaccionáis ante esa situación! Sabed que todo está por llegar en vosotros. No malogréis lo poco que tenéis, aunque creáis que es indigno. La Sabiduría divina os tiende la mano para ayudaros a comprender la grandeza de lo más pequeño.

27 de octubre

—*¿La grandeza de lo más pequeño? ¡No lo comprendo! ¿Qué quieres decir?*

—Os sorprenderá saberlo. Cada uno de vosotros, todo lo que habita en la naturaleza viviente, vuestro espacio con sus planetas y estrellas, en definitiva, eso que llamáis universo, todo ello no es más que una pequeña chispa de Luz emanada de Mí, el Centro.

—*¿El Centro?*

—Pareces muy sorprendida.

—*¿Por qué lo llamas «Centro»?*

—Para que comprendáis mejor el mensaje que os hago llegar. Para que así convirtáis el Amor en el centro de vuestra vida, el diapasón que os guiará y marcará el paso firme hacia la grandeza del Ser.

—*Entonces, la grandeza del Ser es el Amor. La razón por la cual existimos es el Amor. Y aunque seamos pequeñas chispas de Luz, al mismo tiempo somos grandes en el Amor que encendió aquellas chispas. ¡Es maravilloso! Pero esto puede sonar a ciencia ficción para muchas personas.*

—Llegará el momento en el que cada uno de vosotros lo constatará en sí mismo. Nadie vendrá a comunicaros lo que en verdad ya conocéis. No habrá más dudas, porque lo veréis con vuestros propios ojos.

28 de octubre

—*¿Y cómo será? ¿Cómo lo veremos?*

—Lo que lo hace visible es vuestra apertura de corazón al Amor que todo lo ofrece.

—*Ahora observo que nuestra vida tiene sentido. ¡Nos espera un destino maravilloso! Sin embargo, transcurrirán siglos o milenios antes de alcanzarlo. Supongo que unos llegarán primero, otros después...*

—¡Siglos, milenios, primero, después...! Esto no son más que limitaciones que la mente crea, controla y acaba creyéndose. El Ser que os habita solo espera a que le abráis la puerta. Así de sencillo.

29 de octubre

—*¿Por qué ese Ser está tan escondido? ¿Cómo podemos abrirle la puerta, si todavía se tiene un total desconocimiento de su existencia? ¿Tendría que venir otro maestro como Jesús para mostrárnoslo en estos tiempos actuales?*

—Habéis cortado la comunicación con la esencia misma de vuestro Yo Superior, a veces por satisfacer vuestros apetitos más animales, de los cuales sois esclavos, ni más ni menos. También habéis desarrollado, en gran medida, un mundo emocional que os carcome hasta tal punto que termináis lastimados físicamente, y de ahí surgen la mayoría de las enfermedades. Asimismo, vuestro intelecto se ha convertido en el motor descontrolado de incontables pensamientos negativos. Evidentemente, el desequilibrio está a la vista. Tenéis que empezar por reajustaros, observando vuestras acciones y reaccionando antes de que sea demasiado tarde. La pureza sería como el lubricante idóneo para la puesta a punto del Ser. El recorrido que hacen los «maestros» en la Tierra es totalmente necesario cuando los tiempos así lo demandan. Su influencia os compensa y, por eso, la venida de uno de ellos requiere la apertura de muchos de vosotros. La siega y la recogida del fruto se han iniciado. Está lloviendo ya sobre muchos corazones.

—*¿Quieres decir que ya hay algún maestro como Jesús entre nosotros?*

—Nunca han dejado de estar entre vosotros; aunque los ignoréis, siempre están ahí. Su trabajo no busca recompensa alguna. Solo hacen ofrenda de un Amor sin medida. Se dejan ver únicamente cuando la situación lo requiere. No buscan la fama, sino el anonimato. El silencio los identifica, esa es la forma en que llegan a vosotros.

—*¡Esto me hace pensar en Cristo! ¿Quién o qué es Cristo?*

—No existe palabra humana que pueda definirlo. ¿Podéis definirme a Mí? Solo llegaréis a comprenderlo cuando quedéis investidos de él.

—*¿Nosotros, investidos del Cristo? Pensaba que eso era privilegio de unos pocos, como Jesús de Nazaret.*

—Jesús os muestra el camino por el cual avanzar. No es ni más ni menos que vosotros, únicamente se encuentra unos pasos más avanzado. No está solo. Comparte el camino con otros Hermanos.

—*¡Vaya! Desde hace siglos, nos presentan a Jesús como único Hijo de Dios, y como el Cristo.*

—Es una manera de simplificar las cosas. Lo peor de todo no es que os lo digan, sino que os lo creáis. Vuelvo a repetirlo: todos, sin excepción alguna, estáis invitados a compartir ese camino como Hermanos. Esa Fraternidad de Unidad es vuestra filiación Conmigo. Al igual que Jesús fue uno con Cristo, también se espera esa comunión en vosotros.

30 de octubre

—*¡Pero ahora hay tanta maldad en el mundo, tanta gente sufriendo...! Estos tiempos son bastante oscuros para la humanidad. Se comenta que el Anticristo ya está aquí.*

—Tenéis la capacidad de crearlo todo. Evaluáis los hechos juzgándolos, sin tener en cuenta su procedencia. La situación por la que atraviesa la humanidad actualmente no se trata de un castigo divino. Solo es la consecuencia de algo propiciado por el propio hombre. Vosotros habéis creado ese universo que os oprime. ¿Cómo? Construyendo sobre la base de un egoísmo feroz. El desastre de vuestras vidas no es más que una imagen de lo que sentís interiormente. Habéis proyectado vuestra negatividad hacia el exterior, y así se os presenta el mundo que os rodea.

»Definís al Anticristo como un ser maligno, ajeno a vosotros. Le habéis dado vida y lo alimentáis sin daros cuenta. Lo maléfico es fruto de una incomprensión absoluta del acto de amar. ¡Sin Amor no hay Vida! Y todo se rompe tanto dentro como fuera de vosotros.

31 de octubre

—*¡Con todo esto parece que la fraternidad universal es una utopía!*

—La situación actual no os debe desmoralizar en absoluto. Los contrastes son fuertes, con muchos matices y diferencias. Pero si observáis bien, cada vez que abrís los ojos al nuevo día, tenéis la oportunidad de cambiarlo todo.

—*¿Y qué ocurre con la gente buena que es víctima de los males del mundo? Esas personas son las que en verdad están propiciando ese cambio. ¡Y, sin embargo, algunas acaban crucificadas como Jesucristo! ¿Por qué?*

—Os parece contradictorio, ¿no es cierto? Hay que conocer los hechos para valorar sus efectos. Al día de hoy desconocéis la verdad que, de alguna manera, ha dado lugar a interpretaciones erróneas. Hacer las cosas «bien» no solo es positivo, sino que también llama a su contrario, creando un choque de fuerzas que derivan en una confrontación cara a cara. La misión de Jesús hizo reaccionar fuerzas opuestas, levantando llagas, removiendo los corazones, agitando las almas, inspirando el aspecto del Ser imagen de Mí mismo... Jesús se encontró con su contrario de frente, sin ningún temor, con todo su corazón lleno de Amor. No era una lucha.

Se entregó con Amor. Porque es amando cuando toda fuerza contraria perece.

»Las circunstancias del momento le llevaron a tal sacrificio, y es por eso por lo que su demostración de Amor lo superó todo. Resulta evidente que sus carnes sufrieron una terrible tortura, pero su entereza no declinó en ningún instante. Como un ejemplo a seguir, vuestro hermano Jesús os mostró con su vida la superación del Amor. Os compartió Conmigo, os hizo partícipes de la dignidad del Ser y os lleva en su corazón. No os olvida. Está con vosotros. De hecho, nunca se marchó. ¿Adónde queréis que vaya?

3 y 4 de noviembre

—*Entonces, ¡Jesús está aquí, pero de una forma tan sutil que no le podemos ver! ¿Dónde mora exactamente?*

—¡Lo veréis en su momento! Jesús permanece en vosotros derramando todo su Amor en vuestros corazones. Forma parte de una comunidad de Hermanos que trabajan conjuntamente para la humanidad. Su misión en el mundo no ha acabado, pues la labor que desarrolla con vosotros resulta completamente imprescindible.

»La materia densa no es un obstáculo para él. Ha superado sus límites más allá de lo que imagináis. Ha convertido su cuerpo en un vehículo capaz de traspasar todas las fronteras posibles. Conoce cada uno de los detalles de vuestras vidas, nada se le escapa. Ha tendido un puente entre él y vosotros, un vínculo de unión fraterna. Os ofrece la mano desde donde mora Conmigo, en fraternidad con los Hermanos que, como él, comparten la misma morada. Su mundo no dista mucho del vuestro, se encuentra más cerca de lo que pensáis. No es distancia lo que os separa, sino una singularidad manifiesta en cuanto al grado de densidad de la materia. La Luz conforma vuestros cuerpos, modela como un cincel vuestros rasgos y, todo en su conjunto, muestra la sublimación de la Belleza reinante.

5 de noviembre

—*¡Ese reino de Luz está próximo a nuestro mundo! Estoy pensando que no todos vamos allí cuando morimos, ¿verdad?*

—Cada muerte revela el paso a otra vida, os abre una puerta a lo que será vuestra casa, la morada que compartiréis con otros hermanos. Bien es cierto que formaréis una familia de almas afines, fruto de la experiencia vivida en cada encarnación.

—*¡Comprendo! Es una cuestión de afinidad.*

—Evidentemente.

—*Si no hay afinidad con seres como Jesús o sus Hermanos, está claro que no compartiremos morada con ellos.*

—Aunque no la compartáis, ellos os acompañan en todo momento. El fruto está por madurar para muchos de vosotros; sin embargo, la Vida os invita a la maduración ofrecida por aquellos que han cosechado antes que vosotros. Todo está al alcance de todos. La oportunidad que por Amor se os brinda tiene un nombre: Compasión.

6 de noviembre

—*¿Qué es la Compasión?*

—La compasión comienza por comprender todo movimiento de la Vida. Socorre al necesitado porque se identifica con él, sin dar señales de superioridad. Se mantiene firme ante la adversidad, no decae. Conoce más allá de las apariencias, ve la profundidad de todo lo que existe. Es una ofrenda de Amor desinteresada, no calculada. La raíz de toda compasión está determinada por una total entrega que no se deja vencer por nada. Es la atención puesta en el otro, compartiendo el sufrimiento, el testigo activo que genera la razón de ser del Amor: la Unidad. Compartir para ser Uno, sin más.

—*¡Dios mío! ¡Esto es tan grande...!*

—*¿Qué sientes?*

—*¡Siento una gran emoción! No tengo palabras para expresar esta conmoción que me hace saltar las lágrimas. Siento algo en el centro del pecho que palpita, como si quisiera salir hacia fuera. ¿Qué es?*

—Sabéis muy bien que vuestro cuerpo es energía que ha adoptado una forma específica de manifestación visible. No por ello dejáis de ser energía, imperceptible a los ojos de quienes todavía no ven. Poseéis una red de canales o corrientes energéticas por las cuales discurre una savia traslúcida, portadora de la Llama que dio origen a vuestra vida. Muchos de vosotros lo ignoráis, pero llegará el momento de su descubrimiento, cuando dejéis de buscar fuera y miréis en vuestro interior. En ese momento sentiréis palpitar en cada uno de vuestros centros vitales la Llama, mi Soplo de Vida, recorriendo todo recoveco de vuestro cuerpo. El centro del pecho despierta el Amor universal.

—*¿El Amor universal?*

—Lo abarca todo.

—*¿La meditación ayuda a ser más consciente de esas energías tan sutiles que el ser humano posee?*

—¡Sin duda alguna! Vuestras vidas ajetreadas no os dejan que las despertéis, y así habéis pasado más de una vida sin saber nada de su existencia.

—*¡Despertando esas energías te encontramos dentro de nosotros!*

—Todavía hay muchas más lámparas por encender. Eso solo es un principio, un estímulo, el detonador de lo que todavía está por venir.

7 de noviembre

—*¿Y qué está por venir?*

—El conocimiento de la totalidad del Ser. La supremacía del que todo lo ve. La imagen misma del Cristo manifestado. La revelación de vuestra divinidad consciente. En definitiva, la consumación del Yo trascendido.

—*Pero ¡todo esto es tan grande y nosotros, los humanos, somos todavía tan pequeños!*

—¡Comenzad, pues! No perdáis más el tiempo. Cada momento cuenta. Vosotros decidís. Vuestra intención es la fuerza, la inspiración, la voz que clama en vuestro interior. Las puertas del Cielo están abiertas para todos. ¡Confiad en el poder que se os ha otorgado, y haced uso de él! Si unos lo lograron, ¿por qué no ibais a hacerlo vosotros?

—¡Claro! *El futuro de la humanidad es maravilloso.*

—Haced de ese futuro vuestro presente. ¡Ahora! ¿Por qué esperar? ¿Qué estáis esperando?

—*Durante siglos han estado hablando de un salvador, y muchas personas le aguardan.*

—La salvación está en vuestras manos. Cada uno de vosotros debe convertirse en su propio salvador. Habéis alimentado la confusión que sentís al respecto durante siglos, y debéis poner fin a todo esto. Es fácil acomodarse y esperar a que otros vengan a salvaros. Y mientras tanto actuáis sin más, así, esperando vida tras vida. ¡Abrid los ojos! Porque la salvación comienza en uno mismo. Pero no debéis confundir esto con la ayuda que se os brinda, inspirada por Mí. La pereza causada por esa espera no os permite avanzar. ¡Dejad de actuar así! ¡Ha llegado el momento de reaccionar y comenzar!

9 de noviembre

—*¡Reaccionar y comenzar! Pero aquellos que lo hacen a veces están mal vistos por su propia familia. ¿Qué deberían hacer en ese caso?*

—Esas personas desajustan la estructura familiar. Son una amenaza que intenta desestabilizar viejas costumbres, recuerdos de un pasado que forjó ideas de sometimiento y sumisión. Ahora son la savia nueva, el aire limpio, la raíz de un cambio que removerá los cimientos de la antigua estructura. Se enfrentarán a ellos con miles de conjeturas, tratarán de evidenciar que están locos, usurparán sus buenas intenciones con un único propósito de desacreditarlos. No les permitirán que avancen, porque con ello rompen sus esquemas trazados durante siglos. Pero sabed muy bien que su logro y su empuje hacia delante ayuda a la remodelación del núcleo familiar, que en el futuro estará basado en la hermandad de todos los hombres de la Tierra.

»Hay lazos que os unen y otros que os ahogan hasta morir. ¡Meditad, pues ha llegado la hora de escoger la libertad o la rendición!

10 de noviembre

—¡Hay que ser muy valiente para ir en tu búsqueda, Dios mío, para hallar la libertad para encontrarte!

—La libertad para ser Uno Conmigo. La libertad os aporta la inspiración que os hace ver las marcas del camino que debéis seguir. Completáis el itinerario con la audacia recibida de la experiencia que habéis vivido. Vuestra naturaleza os ofrece la visión perfecta de quiénes sois. Porque es con ese descubrimiento como se os revela vuestra autenticidad. ¡Sois mi Sueño! Formáis parte del Todo creado por Mí, manifestado, al alcance de todos. Sois libres por naturaleza.

—¿Somos tu Sueño? No comprendo.

—Sois un sueño dentro del Gran Sueño.

—¿Y qué es el Gran Sueño?

—La inspiración por la cual Todo fue creado. El alumbramiento de Mí mismo, la Comunión iniciadora de Vida. La vasija que recibe la simiente.

11 de noviembre

—*¡La vasija que recibe la simiente...!*

—La comunión de los contrarios, el polo positivo y el polo negativo, que unidos son principio de Vida. ¡El continente y el contenido son Uno! Dicho de otra forma, no son más que la diversificación del Uno, que se proyecta hacia fuera multiplicándose a cada momento.

—*Entonces, el Gran Sueño es la Creación. Pero ¿tuviste que dejar de ser Uno para crear? ¿Adoptaste una naturaleza femenina y otra masculina para materializar lo creado?*

—No hay frutos sin árbol, ni árbol sin tierra. Cada vez que abrís los ojos, observáis el acontecer de la vida que os convoca al despertar de un nuevo nacimiento. Todo vuelve al Uno, sin cesar. En la Creación nada se detiene. Sois los hijos del Uno, manifestado en sus dos aspectos convergentes, no separados. Vosotros hacéis una división donde no hay separación. Ser masculino y ser femenino van de la mano, porque no existe el uno sin el otro, son el equilibrio de la balanza por el cual la Vida llama a la Armonía de la Creación, el punto de encuentro, la unión que sostiene todo lo creado.

12 de noviembre

—*¿Por qué ese «punto de encuentro» me recuerda a la cruz? ¿Qué simboliza una cruz? Los cristianos se identifican con ella.*

—¡Es un punto de confluencia entre el Cielo y la Tierra! Os servís de ella como apoyo, pero desconocéis su significado trascendente. En verdad, solo veis su aspecto externo, dos líneas entrecruzadas que se unen en un punto común. ¡Es mucho más que todo eso! Si observáis bien, tenéis ante vosotros la materia unida al Espíritu, la fusión que da origen a la Vida misma. De ese modo, no la veríais plana, sino con una dimensión mucho más amplia. Muy rara vez el hombre ha percibido el verdadero aspecto de la cruz. Los cristianos han guardado en su memoria el recuerdo de Jesús en la cruz, una cruz triunfante sobre la muerte, mediadora entre el Cielo y la Tierra, considerada la Luz venciendo a las tinieblas. Sin embargo, el ambiente que rodeó lo sucedido en su momento dista mucho de su interpretación actual. Es cierto que sorprendió a más de uno la grandeza de Jesús durante su sacrificio, y es por ello por lo que su memoria alcanza vuestros tiempos presentes. Aquello fue una ejecución en toda regla, y la cruz era un lugar para morir en manos de sus verdugos. Y no hay que confundir esa cruz de condena con la Cruz viviente que da impulso.

—¿Qué impulso da esa Cruz viviente? ¿Cómo es su aspecto?

—Su impulso es mi Aliento. Lo estoy viendo, estáis sorprendidos, ¿verdad? Esa Cruz gira sobre sí misma. ¡Imaginadlo! ¿Lo podéis ver por un instante? ¿Qué veis? Mientras lo pensáis, os diré algo para facilitaros la tarea de descubrirlo. ¡Mirad cómo gira vuestro planeta! Una simple explicación no bastaría para que comprendierais, puesto que tendríais que ser vosotros mismos esa Cruz viviente. ¿Comprendéis? Las palabras aquí expresadas solo os pueden dar unas pistas de lo que realmente está por vivir en vosotros cuando llegue vuestro momento. ¡Y todo llegará, os lo aseguro! Y en ese instante, comprenderéis sin más palabras.

13 de noviembre

—¡Nosotros seremos una «Cruz viviente»!

—Es vuestra señal de identidad, el molde sobre el que fuisteis creados.

—Y el Santo Grial, ¿qué es? La «Cruz viviente» me ha llevado a pensar en ello. En estos tiempos está muy de moda hablar y escribir sobre el Santo Grial.

—Vuestra visión es algo errónea, más bien dualista. Concebís lo sagrado como una fábula mediática que simplemente lo hace más atractivo a los ojos de las personas manipulables. Su símbolo desorienta a más de uno. No es que no sepáis lo que en verdad viene a representar; más bien habéis hecho una ficción de su auténtica realidad. Mientras exterioricéis lo sagrado que hay en vosotros, será fácilmente objeto de manipulación y deterioro por parte de las fuerzas ajenas que os rodean. Esto significa que los demás no deben franquear vuestras murallas, porque si lo consentís, os convertiréis en su propio estercolero particular. Vive y reina la pureza en todo ser de corazón, para proyectarse hacia la inmensidad dorada del Cielo más radiante.

»Imagináis el Santo Grial como una copa sagrada, llena de una sangre irradiada con presencia crística. Pero la verdad es que vosotros sois la auténtica realidad llamada Santo Grial. Albergáis en vuestro interior el seno propicio que se convierte por similitud en un cáliz, capaz de recibir en él al Escanciador sagrado, la Luz derramada para ser servida a su Señor. Miles de años han pasado, y pocos son los convertidos en lo que llamáis Santo Grial.

ESCUCHA MIS PALABRAS

14 de noviembre

—*¡Nosotros somos el «Santo Grial»!*

—Es la Alianza Eterna. Son las verdaderas nupcias que celebraréis cuando llegue ese día glorioso.

—*¿Una boda?*

—Recibiréis al Espíritu Solar, que se unirá a vosotros. Viviréis el gozo sublime del Amor, os entregaréis a él sin medida. En semejante unión, no sufriréis el desgaste físico de vuestras células, puesto que saldrán renovadas por una vitalidad nueva. Sintetizando, lograréis activar la relación entre lo humano y lo divino. Habréis descubierto la razón por la cual vivís, quiénes sois en realidad. Lo masculino y lo femenino se unirán en vuestro interior, bendecidos sin la mínima separación. ¡Completos en la unión!

18 de noviembre

—*¡Vaya! Ahora no sé qué decir.*

—La primera vez no será la culminación de vuestra unión. La fuerza del Espíritu desatará en vosotros la frescura de un nuevo Aliento capaz de transformar todo lo que se encuentre a su paso. Modificará vuestra estructura atómica, de manera acompasada, con el fin de ajustaros a las nuevas vibraciones a las que estaréis expuestos. Sin duda, no será un camino de rosas, ya que en muchas ocasiones sufriréis los diferentes despertares del Ser como un nacimiento doloroso.

»Hay que tener en cuenta que la carne será habitada por fuerzas extraordinarias, y esto mismo puede producir un choque al principio. ¡En esta empresa tan importante la constancia es vuestro mejor aliado!

—*¡Y yo que pensaba que la Iluminación se alcanzaba uniéndose una sola vez con el Espíritu...!*

—De ser así quedaríais fulminados en un instante. Su Fuego es destructor si lo hacéis llegar antes de tiempo. Por increíble que os parezca, algunos lo han provocado con ayuda de alternativas tántricas, y esto no los ha llevado a buen puerto.

—*Entonces, ¿qué hay que hacer?*

—Para uniros a él, abrid vuestro corazón más puro. La pureza os muestra el camino adecuado, sin prisas y sin pausas. No estoy hablando de una carrera de competición. Sencillamente se trata de mostrároslo con una desnudez absoluta, sin trampas ni atajos. Aquel que viene a morar en vosotros prepara el camino al que le sucederá.

19 de noviembre

—*¿Y quién le sucederá?*

—A decir verdad, sois vosotros mismos sin las viejas vestiduras de antaño. Completado el proceso del Espíritu Solar, emplazaréis a la Luz del Conocimiento, que os abrirá las puertas para un nuevo aprendizaje. En este punto, manifestaréis la Sabiduría inspirada por Mí, fruto de vuestro inmaculado encuentro con la Llama Sagrada.

—*¿Llama Sagrada?*

—De alguna manera le habéis dado muchos nombres. Sin embargo, no es su nombre lo que os hace llegar hasta ella, sino la pureza que os ha transformado por dentro y por fuera en Divina Armonía. Un poeta podría decir que es el impulso que todo lo eleva hacia las Alturas, que el hombre no alcanza a ver, pero que intuye cuando pone su mirada en el firmamento estrellado. La Llama Sagrada os pertenece, duerme en vosotros y espera a que la despertéis de su prolongado letargo. Es el Centinela que custodia cada una de las puertas de vuestro Ser.

—*¿Tenemos puertas? ¿Qué significa esto?*

—Estados de conciencia diferentes. Planos de existencia que se encuentran subdivididos en otros, partiendo desde lo más denso hasta lo más sutil. Las puertas se abren a medida que avanzáis en la Luz. Podéis llamar a una puerta, pero si no estáis listos, la encontraréis totalmente cerrada. Las llaves que las abren se traducen en episodios iniciáticos.

—*Es decir, debemos pasar por varias Iniciaciones para abrir nuestras puertas invisibles.*

—La Vida es la mayor escuela de aprendizaje. Estáis pensando cómo se pueden ver esas puertas que ahora os parecen inalcanzables, incluso inexistentes. Pero no es así. En este mismo momento sois una puerta, que podéis ver reflejada en cualquier espejo. Ese aspecto físico con el que os mostráis al mundo cada día es la puerta que os puede abrir la siguiente, y así sucesivamente. En la vida todo se encuentra interconectado.

—*¡Gracias, Dios! Gracias por inspirarnos con tus palabras.*

—Lo que recibes viene de la Fuente por la que fluye el Agua de Vida. Percibes palabras para tu mejor comprensión, pero en sí no son palabras, sino una corriente que desciende hasta ti en forma de Sensaciones vivas.

20 de noviembre

—*¡Sensaciones vivas!*

—Mi Voz, mi Aliento, mi Presencia entre vosotros.

—*Estoy pensando en eso de que la Vida es la mayor escuela de aprendizaje. ¿Significa que es aquí, en este mundo físico, donde verdaderamente progresaremos?*

—¡En todos los sentidos! Muchos de vosotros os equivocáis al pensar que vuestra andadura por la Tierra es puro trámite, y de ese modo sentís una vacuidad tal que no veis más que el mundo finito que os rodea. Señaláis al Cielo como vuestra salvación, pero en verdad sois vosotros mismos ese Cielo, el cual tenéis que construir desde ahora mismo. Vuestro Cielo ha de comenzar a partir de vuestro inicio en la Tierra, porque de otra manera no lograréis más que un estancamiento.

»Es inútil que os abracéis a rituales para convenceros a vosotros mismos de que Dios existe, sencillamente porque no es eso lo que os debe convencer, sino la realidad que existe en todo movimiento de la Vida. Para ello, deberíais adoptar una sencillez espontánea, sin ningún tipo de subterfugios añadidos y evaluando los hechos con la apreciación adecuada, sin máscara alguna. Para cambiar vuestra visión errónea de la Vida, empezad por saborear sus frutos con serenidad y templanza; ello os abrirá a una realidad nueva y más viva que la que conocéis hasta ahora.

—*Las religiones nos enseñan rituales, oraciones, etc.*

—Hay que matizar sobre este asunto que ha abocado a generaciones de individuos a vivir en una falacia descomunal. Corren tiempos de grandes transformaciones para la

45

sociedad humana, y más sobresaliente de todas ellas será un cambio de conciencia a nivel planetario. Sin lugar a dudas, muchos templos caerán derrumbados por su propio peso. Lo apreciaréis muy pronto, aunque algunos de vosotros, todavía solo unos pocos, ya lo estáis notando en el devenir de vuestra vida. Los días están contados para aquellos que continúan mostrando la desfachatez de querer apoderarse de un bien común de toda la humanidad. Me estoy refiriendo a la LIBERTAD que os honra como seres humanos que sois. Vuestra búsqueda de Dios será LIBRE, sin intermediarios que os estrechen el cinturón.

—*¿Y el perdón de los pecados? ¿Y la Eucaristía…?*

—Durante algún tiempo necesitasteis pastores que os guiasen. Ahora vosotros ya sois los pastores que guían vuestra propia vida. El cayado es vuestro desde este mismo momento. El perdón os dignifica hasta el punto de glorificaros. No hay más perdón que el que se ofrece de corazón. ¡Sed, pues, vosotros mismos quienes conquistéis ese perdón!

»La Santa Comunión que soléis celebrar en memoria de vuestro Hermano Jesús simboliza desde tiempos antiguos la Ceremonia de la Unidad. Dicho esto, Jesús os mostró una revelación anunciada antes que él, proclamando con ello la indivisibilidad de los principios masculino y femenino. Jesús quiso deciros de esta forma que se ofrecía a vosotros con su ejemplo al haber alcanzado la Unión extática. Porque sois hombres y mujeres al mismo tiempo. Mientras enfrentéis estos dos principios, en verdad no habréis alcanzado a comprender la Eucaristía.

21 de noviembre

—*De este modo, la Santa Comunión viene a significar la Unión entre lo masculino y lo femenino.*

—Implica la grandeza del Espíritu que habita ambos principios. Realmente no sois conscientes de su valor. No midáis su significado con palabras, pues llegará un día en que lo celebraréis en vuestro interior con el más puro Gozo.

»Viene a presentaros el verdadero misterio de la Vida. Todavía lo experimentáis sin sentirlo, sin vivirlo en vuestro interior. Repetís un ritual sin más. Os vengo a decir que sois carne y sois sangre, algo que sin duda sabéis, pero aún no sois conscientes de la trascendencia de su significado. La sangre corre por vuestras venas, alimenta vuestro cuerpo, le da la Vida. Sin ella morís. Allá donde os encontréis, sin quererlo, seréis testigos del milagro de la Vida, del intercambio mutuo entre algo que recibe y algo que da. El gran acontecimiento de la Vida se traduce en esa simplicidad que está a la vista de todos: el matrimonio de lo masculino y lo femenino.

—*Cuando Jesús vivió esa Unión en su interior, fue como ofrecernos la Unión Contigo, ¿verdad?*

—Sin lugar a dudas.

—*Creo que empiezo a comprender.*

—¿Qué comprendes?

—*Que cuando alcancemos la Unidad de lo femenino y lo masculino en nuestro interior, nos uniremos a Ti. ¡Siento que se trata de una consumación tan sutil, tan elevada…! ¡Un arrobamiento indescriptible! ¡Esto es muy grande, Dios mío!*

—Lo podéis intuir, sí. Solo falta que seáis vosotros los protagonistas. Las puertas del Cielo están abiertas para todo el mundo, sin excepciones. Si uno siente que están cerradas, ha sido él mismo quien ha echado el cerrojo. No olvidéis que sois libres, tanto para abrirlas como para cerrarlas. La elección es vuestra.

24 de noviembre

—*También nuestra libre elección puede llevarnos a una vida errónea, por ejemplo.*

—Las experiencias modelan vuestra alma. Por muchos errores que cometáis en cada vida terrestre, eso no es motivo para sentirse excluido de mi Plan.

—*¿Y cuál es tu Plan?*

—¡Que de una vez por todas seáis FELICES!

—*¡Felices! ¡Sí! Creo que todo el mundo busca la felicidad. De eso no hay duda.*

—¿Cambiaríais vuestra vida anodina por la FELICIDAD? ¿Cuántos de vosotros estaríais dispuestos?

—*Creo que no todas las personas se inclinarían a dejar su vida actual. Sería una elección bastante difícil. ¡Hay tantas ataduras…! El mundo en el que vivimos nos ha hecho demasiado dependientes del «sistema». Esto se parece a un laberinto sin salida. Da la sensación de que no hay escapatoria.*

—¡Sí que hay escapatoria! Empezad por vosotros mismos, y el sistema caerá ante vuestros pies. Lo observaréis como algo ajeno, distante. Emprenderéis una nueva vida, con una mirada más nítida frente a todas las adversidades. Sin embargo, ¡cuidado!, no os confiéis con los primeros logros.

Tened los ojos bien abiertos, porque podríais volver a ser engullidos por ese sistema que antes ordenaba vuestra vida.

—*¿Y los problemas del trabajo, la familia…?*

—La positividad atrae lo positivo. La FELICIDAD que se os brinda se puede encontrar a cada instante de vuestra vida cotidiana, ya que no es más que el resultado del Amor que dais a los demás. No hay nada más sencillo que eso: ¡amar! ¿Por qué os resulta tan difícil abrir las puertas de vuestro corazón?

»La vida familiar puede llegar a ser muy gratificante si transcurre en el seno de un Amor incondicional. Los valores de las relaciones familiares, por muy asombroso que os parezca, pueden transformaros de manera positiva. Solo debéis aprender a valorarlos como corresponde, y por esto mismo, vuestros lazos ya no serán de dependencia, sino de convivencia entre almas que comparten destino en consonancia con esa unidad familiar. ¡No olvidéis que todos formamos la Gran Familia! Y vuestras familias en la Tierra vienen a ser un reflejo, a veces empañado, de la Familia Celestial.

»Vuestro trabajo diario podría ser agradecido si os mostrarais más humanos. Vuestra frialdad y vuestra seriedad infundada congelan vuestros sentimientos más elevados. Estáis envenenando vuestra alma con esta actitud tan negativa. Las relaciones laborales, para que prosperen positivamente, han de asentarse sobre la base del respeto, la cordialidad y la comprensión. La sumisión, por muy reglada que esté, no deja de transpirar antiguos vestigios de esclavitud, maquillada con restos de autoridad prepotente.

ESCUCHA MIS PALABRAS

25 de noviembre

—¡Es cierto! Parece que todo el planeta se esté deshumanizando. ¡Cuánta frialdad! Hay tan pocas miradas que abracen de verdad...

—¡Son las prisas! Así no vais a lograr nada que os resulte positivo. La FELICIDAD es un bien precioso, digno de ser alcanzado por todos. Pero no todos saben cómo llegar a ella. No se trata de esa felicidad que a veces os sorprende y que se esfuma tan rápido como vino. Porque quien alcanza la auténtica FELICIDAD, disfrutará de ella para toda la Eternidad.

—¿Felicidad y Eternidad van unidas?

—Así es.

—¿Cómo es esa Felicidad eterna?

—¡El alma maravillada ante la Luz y el Amor de su Creador! Hay que escalar un poco más allá de donde os encontráis ahora. Allí el estado corpóreo es mucho más sutil y luminoso. La BELLEZA es el marco sublime de tal dicha vibrante. Estaréis fundidos en la MÚSICA de las músicas, cuyo diapasón marca la entrada de los mundos celestes.

—¡Qué maravilla!

—Mi Creación no se limita exclusivamente a la humanidad. Por encima de vosotros, y esto es una cuestión del nivel vibratorio de la energía, se encuentran otros mundos menos densos que el vuestro. Y cuanto más elevados, más viva es su vibración y más cerca se hallan de Mí.

—¡Más Felicidad!

—La Felicidad se siente o no se siente. No hay más ni menos Felicidad. Es la forma de experimentar el maná del Cielo.

50

—*Los ángeles, los arcángeles... viven en esos mundos de eterna Felicidad. ¡Claro!*

—Forman la Gran Familia Angélica. Allegados a Mí, tan cercanos a los humanos, no dejan de recorrer más de un mundo. Consiguen penetrar vuestra densidad cuando les dais la entrada. Basta con que os dirijáis a ellos con el corazón. En ese momento, las fronteras infranqueables se disipan y emprendéis una relación directa.

—*¿Podemos verlos?*

—Por supuesto.

—*¿Cómo es su aspecto?*

—Varía según su rango. La distinción entre unos ángeles y otros no está condicionada por una cuestión de mayor o menor valía. Cada rango o jerarquía angélica indica la labor que ha de realizar y sus atribuciones, sin minusvalorar la función de otro rango.

—*¿Tienen forma humana?*

—Algunos guardan cierta semejanza. Otros ya no.

—*¿Y estos últimos cómo son?*

—¡Pura Luz!

—*Se dice que los ángeles son los mensajeros de Dios.*

—¡Si supierais cómo os aman! No son simples mensajeros que me transmiten vuestras peticiones. Son mucho más que eso. Son el puente entre el Cielo y la Tierra, y os ayudan a atravesarlo. Cuando un hombre contacta con un ángel, algo a lo que este siempre está dispuesto, se produce algo inusitado y sorprendente. Se crea un lazo de unión entre ambos, en un punto en el que se encuentran ni muy arriba ni muy abajo.

—*¿Cuál es ese «punto de encuentro»?*

—Para que el hombre pueda conquistarlo, debe elevarse un poco más por encima de sí mismo. En este punto de encuentro entre el hombre y el ángel, se crea un umbral transitable para ambos. El ángel, asimismo, desciende para acercarse y penetrar el umbral. Este descenso se produce por puro Amor incondicional.

26 de noviembre

— *Si es así, ¿basta con quererlo para que podamos reunirnos con los ángeles?*

—¡No solo eso! Se requiere una preparación previa.

—*¿Y cuál es esa preparación?*

—¡La purificación! Cada vez que os encontréis con un ángel, dejaréis tras de sí esa insustancial situación que estáis viviendo a diario. Vuestros problemas son como una mancha de aceite sobre las aguas cristalinas, y por eso antes debéis encontrar el disolvente adecuado para zambulliros en los manantiales de pureza divina. Empezad por purificar vuestro propio cuerpo, cuidando de que el alimento sea lo más puro y saludable, puesto que representa una parte importante en el camino de toda purificación. Seguid con la limpieza de vuestros pensamientos negativos, que corrompen los sentimientos más nobles. Todo esto es solo el comienzo, pero se trata de un gran comienzo sin duda alguna.

—*¿Y qué nos encontraremos al contactar con un ángel?*

—Eso varía según el momento y la persona. Pero quedaréis absolutamente maravillados por tanto Amor. Os acogerán con el abrazo de la inmensidad que todo lo abarca. Os sentiréis como si hubieseis vuelto a casa, a vuestro auténtico hogar. No analizaréis nada de lo que estéis viviendo en ese justo momento, porque vosotros mismos formaréis parte integrante de la Divina Armonía entre todas las criaturas de la Creación.

—*¡Qué maravilla! ¡Ojalá la Tierra entera alcance los mundos angelicales! Se acabaría todo lo negativo de este mundo. ¡Que así sea, Dios mío!*

—Mirad, os muestro el camino que debéis seguir. Es probable que os cueste dar los primeros pasos, pero la voluntad de continuar avanzando es vuestra fuerza, el talismán que os dará la alegría y la fuerza necesarias para alcanzarlo.

—*Tengo la sensación de que también los ángeles nos preparan ese camino.*

—¡Así es! No os quepa ninguna duda.

—*Creo que para que se produzca el encuentro con los ángeles, también necesitamos un recogimiento, una intimidad, un silencio especial, ¿verdad?*

—La intimidad del momento así lo requiere. Con mucho alboroto, no lo alcanzaréis. Las regiones elevadas son ajenas a todo ruido desarmónico. ¡Sosegad vuestros corazones, refugiaos en la soledad luminosa de vuestro ser, cread una atmósfera de recogimiento donde nadie se inmiscuya, abandonad todos vuestros problemas fuera de ese momento en que intentáis encontraros con vosotros mismos y no permitáis que nada, absolutamente nada, intente convenceros de que lo que estáis haciendo es contrario a la forma de ser de los demás! ¡Sed, pues, fuertes! Porque encontraréis más de una vez contrariedades y obstáculos que os dificultarán esa intimidad con vosotros mismos. ¡Es entonces cuando de verdad iniciaréis los primeros pasos para lograrlo!

27 de noviembre

—*En cambio, la humanidad se ha vuelto tan ruidosa... ¡Las ciudades de hoy ya no son como antes!*

—Eso no es excusa para que dejéis de buscar vuestro propio silencio interior. Esto es muy importante. Si no trabajáis ese silencio, será muy difícil conseguir la armonía con aquello que ningún ruido es capaz de alcanzar. Es probable que muchos de vosotros os sintáis perdidos, desorientados, ante el gran silencio que alguna vez habéis podido experimentar. Es como una sacudida: os pone frente a algo inescrutable, no controláis lo que se avecina y, por eso, tomáis la decisión de regresar al ruido incesante que os atropella día tras día. Ese silencio os pertenece, aunque ahora le deis la espalda, y aguarda para que lo utilicéis como el trampolín que os hará atravesar las duras murallas de vuestro infatigable y parlanchín ego.

—*¡Vaya! ¡Nuestro infatigable y parlanchín ego!*

—¡No se cansa nunca! Os tiene sometidos, maniatados, sin que vosotros os deis cuenta. Os ha hecho creer que sois ese «yo» de anécdotas que conoce un mundo muy singular y personalista. Os tiene más que confundidos, ya que ha conseguido llevar las riendas de una vida absolutamente vacía de contenido, insulsa y repetitiva. ¡Así no vais a ninguna parte! Parecéis un ratoncillo dando vueltas en su rueda, encerrado en su propia jaula. Os ha construido un aparente castillo donde moráis sin tener el control de vosotros mismos. Ese ego se inventa mil excusas para que abandonéis toda idea de encontraros con vuestro silencio, porque sabe que si lo hacéis, él perecerá. No se trata, sin embargo, de llegar a aniquilarlo, sino de controlar ese desbocado ímpetu con el que suele desenvolverse. Vosotros mismos, vuestro ser, debéis manifestaros en el silencio interno y convertiros en el rey de ese castillo. Aquí os muestro parte de la raíz de vuestros problemas más acuciantes y actuales que os quitan el sueño, e incluso la vida.

28 de noviembre

—*Pero ¡casi todo el mundo está dirigido por su ego...! Es decir, si queremos cambiar las cosas por el bien de la humanidad, nuestros egos deberían estar más controlados por nuestra naturaleza divina. ¡Esto puede durar milenios!*

—Sois testigos de los acontecimientos que os abruman diariamente. La consternación evidencia que sobrevaloráis las estrategias del ego persuasivo y degenerado. ¡El tiempo es lo de menos para mí! Sin embargo, para vosotros sí que cuenta. Tenéis la posibilidad de cambiar las cosas, y no lo hacéis por temor. Nadie va a venir para realizar el trabajo por vosotros. Porque el camino sois vosotros y nadie más.

—*¡Sí, claro! Pero mucha gente desconoce por completo que su ego le hace creer algo que en realidad no es. ¿Cómo lo van a descubrir sin ayuda externa?*

—Os subestimáis si pensáis esperar que la solución llegue de fuera. Tarde o temprano seréis llamados por ese «Yo», excelso Ser viviente, para que os reencontréis con él. Mientras tanto, atenderéis a vuestro ego, cada día más astuto, que inventará mil artimañas para descentraros y así tener el control de vuestras vidas. Pero no olvidéis que todo esto caerá por su propio peso. Numerosos días os esperan antes de que la rigidez de vuestra alma se vuelva flexible. Esta experiencia es propia del proceso de evolución.

30 de noviembre

—*Así que la experiencia de ese ego descontrolado forma parte de la evolución humana. Pero ¿qué es ese ego?*

—Vuestra alma necesita experimentar a cada momento lo que la vida le ofrece. Esto la convierte en una viajera incansable. Se desenvuelve hábilmente, no se detiene, y esto modela una identidad muy particular y diferente del resto de las almas. Es lo que conocéis como la personalidad, el carácter que imprime los valores que os hacen ser de una manera o de otra.

1 de diciembre

—*¡Está claro que hay mucho por hacer! Ahora estoy pensando en la Navidad, que se encuentra muy cerca. ¿Cuál es su verdadero significado?*

—Acostumbráis a celebrar la Navidad sin conocer su verdadero valor, su trascendencia. La habéis manipulado como si de una obra de teatro se tratara. De hecho, no habéis entendido nada, absolutamente nada. Su simbología viene a comunicar cómo el Cristo será anunciado, para recibirle sin más hábitos que la propia desnudez cálida de un niño recién nacido. He aquí que ese niño puede recibir regalos propios de un rey. A decir verdad, solo se espera de vosotros que hagáis nacer ese niño interior, que os desnudéis totalmente y sin disimulo. Recibiréis al Cristo de esta manera, y no de otra. ¿Cómo pretendéis hacerlo sino con la sonrisa de un niño? Abrirse al Cristo es la verdadera Navidad.

—*¡Abrirse al Cristo como un recién nacido!*

—No basta con pronunciar unas palabras para que eso suceda. La cuestión es volver a recuperar la chispa de candidez que aflora con la vida que acaba de nacer.

—*¡Es cierto! Perdemos esa chispa con el paso de los años.*

—No son los años, sino el hecho de haber dejado de jugar con la Vida.

—*¿Jugar con la Vida?*

—*¡Sí!*

—*¿Qué quieres decir?*

—Aquel que juega con la Vida sabe muy bien que será recompensado con toda mi Alegría. Esa Alegría le impulsa a seguir jugando sin límites. No hay cortapisas, sino la libertad de actuar conforme a las reglas del Gran Juego.

—*¿Las reglas del Gran Juego?*

—¡Solo los niños lo comprenden! Un día fuisteis niños y comprendíais. ¿Lo recordáis? Haced un pequeño esfuerzo y lograréis entenderlo. Únicamente así es posible participar del Gran Juego creado por Mí.

—*Me estás haciendo sonreír. Tengo ganas de reír y no sé por qué. Siento una enorme alegría, como si todo se estuviera riendo.*

—Sientes que todo ríe a tu alrededor.

—*¡Sí!*

—Porque toda la Creación es partícipe de mi Alegría y juega con el Todo.

—*Ahora creo que comprendo mucho mejor, cuando siento esa Alegría que viene de todas partes. Todo parece estar disfrutando: el mar, las montañas… Es como si estuviera en otra dimensión. Entonces, ¿quieres que juguemos Contigo?*

—¡Claro! De eso se trata el Gran Juego. ¡Jugad Conmigo! ¡Jugad con la Vida! ¡Sonreíd! ¡Reíd! Vuestro mundo sería de otra manera si todos quisieran jugar, como el niño que detiene el tiempo con sus juegos porque comprende que la Vida está hecha para el esparcimiento.

2 de diciembre

—*Hay que ser niño para acercarse a Ti.*

—Allí donde halléis Alegría, allí estaré Yo con vosotros. Muy pocos han comprendido el alcance de esta Verdad, y los niños son los que contribuyen a que eso mismo se manifieste.

—*¡Es verdad!*

—No os fieis de aquellos que hablan de Mí con la expresión seria, cortante, pretendiendo apartaros de vuestras sonrisas. Porque aquel que habla de Mí con Alegría, transmitiéndola con cada uno de sus gestos, se convierte en la fuente directa por la cual toda mi sonrisa emerge.

3 de diciembre

—*¡Cuánta seriedad hay cuando se habla de Ti! Por ejemplo, en la mayoría de los que forman parte de una iglesia.*

—Satisfacen sus egos con el propósito de controlar la vida de otros. No hay más verdad que la que se muestra en sus actos, y a pesar de ello creen tener el poder de hacer ver una Verdad que ellos mismos no alcanzan ni siquiera a vislumbrar. ¡Falsos profetas de todos los tiempos! ¡Ahí los tenéis, ante vuestros ojos! Son como el humo que oculta toda visión, creando incertidumbre, cerrando el paso a la Luz.

—¡Sí! *Casi siempre nos hacen sentir culpables, pecadores de por vida.*

—Y así controlan la vida de los demás, haciéndoles creer que necesitan ser perdonados. Pero lo que ellos no saben todavía es que el verdadero Perdón no es una concesión, sino un don.

4 de diciembre

—*¿El verdadero Perdón es un don? ¿Qué significa eso?*

—Es un consuelo decir «te perdono» o «perdóname», y sin embargo con ello no habéis activado el auténtico Perdón. Pronunciar la palabra no es suficiente. El don en sí comienza con la grandeza de corazón que ha sabido comprender que el Amor es capaz de limar todas las asperezas posibles. El Perdón no conoce de intercambios ni condiciones, sino que ensalza al Amor como su primera y última razón. ¡Por eso, amar es perdonar! ¡Qué mayor don que el mismo Amor!

—*Eso significa que ¡el don del Perdón es el Amor!*

—¡Sí!

—*¡Tu Amor! ¡El Amor divino! ¡Ya no necesitamos más intermediarios para que nos concedan tu Perdón! Porque el Perdón está en el mismo acto de amar.*

—Id vosotros mismos a la Fuente y saciaos, porque aquel que lo haga por vosotros podría dejaros sin agua. ¿Comprendéis? No os dejéis engañar por astucias y artimañas de algunos cuya pompa desafía a su misma integridad.

5 de diciembre

—*Más de uno podría escandalizarse.*

—La opulencia contribuye a generar una especie de orgullo que suele desatar conflictos, tensiones y divisiones. Por ello se entiende que la reacción de los que se sienten aludidos sea del todo contraria, sin atisbos de humildad.

9 de diciembre

—*¿Falta humildad en algunos representantes de las religiones de este planeta?*

—La humildad desencadena la mayor grandeza del Espíritu, porque destierra al desenfrenado orgullo que pretende apoderarse de las raíces más sólidas del Amor. Habéis descubierto cómo se desarrollan los acontecimientos en el interior de algunas iglesias, y habéis sentido a menudo un distanciamiento, una frialdad que os hiela el corazón, un deseo de huida, una gran incertidumbre. Y todo eso no es más que la consecuencia de algunos que se consideran representantes de Dios. No es el caso cuando la vía que se transita es la adecuada, sin hacer alarde y con transparencia.

10 de diciembre

—*De este modo, aquel que es humilde se muestra del todo transparente, sin mentiras. ¡Es auténtico!*

—La humildad llama a la Verdad.

—*¿Qué Verdad?*

—La Verdad del Ser.

11 de diciembre

—*¿La Verdad del Ser?*

—Más allá de vuestras verdades particulares, hay una sola y auténtica Verdad que supera a todas las demás. Os estoy hablando del Ser que ha superado todos los obstáculos por los que ha tenido que pasar en cada encarnación. La sublimación del Ser constata la razón misma de esa Verdad, porque supone que el Cielo y la Tierra se han unido por fin. Ese Ser, allá por donde vaya, puede remover conciencias, despertar corazones, tambalear sociedades enteras. No se detiene ante nada y comparte todo. Se ofrece con una Sabiduría y un Amor infinitos.

—*¡Dios mío!*

—*¿Qué sientes?*

—*¡No sé cómo explicarlo! Todo esto supera a la humanidad actual. ¡Estamos tan lejos de ser verdaderos...! Sin embargo, Jesucristo ya nos lo anunció hace dos mil años: «¡Yo Soy la Verdad!».*

—Mi fiel Hijo os hizo ver que era así. A más de uno le sorprendió su mirada, pues contenía todo cuanto el ser encarnado puede albergar de Mí. Sus gestos, su porte, su silencio, su voz... anunciaban mi presencia. Sonreíais cuando ibais a su encuentro, notabais que él os acompañaba en el camino, aunque no estuviera presente físicamente. ¡Era el aura de Jesús abarcando todo lo que os rodeaba y mucho más!

—*Parece ser que algunos de nosotros coincidimos con Jesucristo hace dos mil años.*

—¡Así es!

—*¡Qué grandeza la de Jesús! ¡Qué aura!*

—No hay límites para Aquel que es verdadero. Desarrolla su potencial para expresarse tal como es. El cuerpo adquiere una consistencia más etérea, sobrepasando lo más inmediato hasta llegar a los confines de su propio universo. El aura contiene toda la vida del Iniciado, quien se extiende con ella sin medida alguna. Lo abraza todo, no hay distinción entre su cuerpo y lo manifestado fuera de él.

12 de diciembre

—*¿Qué sucede cuando entramos en un aura como la de Jesucristo?*

—Os adentráis en un mundo distinto al vuestro. Percibís una alteración de tipo energético. La materia densa está condicionada por sus propias leyes. Sin embargo, la fuerza del aura de Jesús puede influir en ella e incluso cambiarla. Cuando os encontráis en su radio de alcance, es posible que algunos de vosotros no podáis soportarlo, y esto no es más que la consecuencia de no estar en sintonía con tal pureza.

—*¡Así podemos avanzar mucho más si estamos en sintonía con dicha aura!*

—¡Por supuesto! Así ha sido siempre.

—*Al lado de un maestro como Jesús, por ejemplo los após-toles y otros…*

—Su influencia les cambió la vida a todos ellos, sin excepción.

—*Tengo la sensación de que en los Evangelios no se habla del verdadero trabajo que hicieron todos juntos.*

—Existen unas enseñanzas que permanecen secretas todavía.

—*¿Enseñanzas secretas?*

—Los Hermanos así lo decidieron en su momento. No todos están preparados para recibirlas.

—*¿Qué Hermanos?*

—Hubo una época en la que sucedieron cambios en la Tierra a nivel planetario. Algunas civilizaciones perecieron y otras siguieron creciendo hasta alcanzar la Luz que continúa guiándolas hasta vuestros días presentes.

14 de diciembre

—*¿Se encuentran entre nosotros?*

—Han preferido vivir al margen de vuestras sociedades actuales. Se definen como la Hermandad Universal, y son afines a todo cuanto de elevado se manifieste sobre la faz de la Tierra. No viven aislados, sino en comunión con la Vida que sustenta su universo, interconectado con la Gran Presencia.

—*¿La Gran Presencia?*

—Forman una sola familia, sin prioridades entre ellos. Han formado un solo cuerpo integrador con la Luz

Omnisciente, fruto de su trabajo, basado en la entrega absoluta a un único fin: el Servicio. Fomentan el Amor más puro sin subterfugios. Han logrado alcanzar la madurez, y no para disfrutar de más avances tecnológicos, sino para superar las barreras más controvertidas de la humanidad. Han llegado a la convivencia de Unidad, y su Paz refleja la siempre Gran Presencia.

15 de diciembre

—*Pero ¿estos Hermanos viven en algún lugar concreto de la Tierra?*

—Hace tiempo que habitan el planeta; sin embargo, están fuera de cualquier mirada curiosa. Permanecen vinculados al corazón mismo de la Tierra. En el continente europeo se halla una de las puertas para llegar a ellos. La Luz espiritual ilumina su universo, cuya claridad supera a vuestro propio Sol.

—*¿Y viven en el interior de la Tierra?*

—¡Pero no como os imagináis! No viven en cuevas subterráneas, húmedas y oscuras. Los hombres de la superficie terrestre desconocen en gran parte lo que los sustenta.

—*¿Se puede entrar en contacto con ellos?*

—Lo lleváis haciendo durante milenios, y lo seguiréis haciendo en el futuro.

—*¿De qué modo?*

—El curioso se desorienta en la búsqueda. Ellos saben reconocer perfectamente cuándo se debe producir el encuentro, sin mediar más autorización que la propia Luz que emana del buscador. Los intercambios se suceden periódicamente, para ayudar a avanzar a la humanidad en su condición de seres humanos.

16 de diciembre

—*¿Qué significa esto último?*

—Mientras os enfrentéis los unos a los otros, seguiréis sin comprender el verdadero bastión de la humanidad terrestre. Unos pocos de entre vosotros han hecho florecer la Llama viva que une y comparte. Porque el auténtico humano es aquel que se identifica plenamente, y sin reservas, con su esencia divina.

—*¡La Tierra sería un Paraíso si estuviera habitada por auténticos humanos!*

—Ahora la Tierra es vuestro hogar. Viajáis con ella a través de las estrellas y os muestra su perfil más cercano a vosotros. Sin embargo, la materia de la que está formada, mucho más condensada ante vuestros ojos, puede variar su consistencia según la variabilidad energética de los cuerpos que la habitan.

—*¿Eso significa que puede existir una Tierra menos densa, más etérea?*

—¡Así es! El auténtico humano ya vive en el Paraíso terrenal. Es la morada de los Hermanos que hallaron la vía de su destino dorado. Conocieron una vida terrenal como la vuestra, pero se adentraron en los recónditos parajes de su propio ser, para después salir de allí victoriosos. Hoy son la manifestación más bella y sublime de la humanidad.

17 de diciembre

—¡Supongo que estarán avanzados en todos los sentidos! ¿Cómo es su tecnología?

—Su tecnología dista mucho de la vuestra. No podéis ni imaginarlo. Sabed que sus cuerpos han variado de densidad, por lo que no tienen las mismas limitaciones que vosotros.

—De este modo, seguro que no sufren contaminación, ni enfermedades, por ejemplo. ¿Cómo son sus vehículos de transporte?

—No existe nada de eso. Sus auras repelen todo aquello que se encuentra fuera de su frecuencia. La luz corpórea es un escudo que no deja pasar ninguna enfermedad, ¡así de sencillo! Y sus medios de locomoción se vuelven totalmente invisibles cuando os visitan. ¿Cómo lo hacen? Han sabido encontrar la Perfección en la cercanía con el Espíritu que todo lo anima. Han valorado por encima de todo una conciencia que participa en la Gran Obra del Creador. Son portadores de la Luz diamantina, que proyecta la corriente de un Amor sin tregua. ¡Eso es lo que le da forma al mundo en el que habitan!

18 de diciembre

—¡Qué maravilla! A mucha gente le parecerá una vida de ciencia ficción.

—Aquel que se encuentra perdido llega a ese tipo de conclusiones. Cree que su mundo es el único que existe. Además, se ha hecho una idea derrotista de la vida, sucumbiendo al razonamiento de su propio ego, que distorsiona la visión clara de la Vida.

19 de diciembre

—*Y las personas que han contactado con estos Hermanos avanzados, ¿pueden recordarlo después?*

—No siempre sucede. Ellos determinan si es conveniente. Generalmente, gracias al planteamiento de la visita, puede que sea necesario para lograr algún tipo de esclarecimiento que resuelva algo de interés general. No hay nada que se deje fuera. Se tiene en cuenta, lógicamente, la evolución en un sentido total.

—*Ahora me viene a la memoria el nombre de Shambala. ¡Se ha escrito tanto sobre este lugar! ¿Tiene alguna relación con esta humanidad dorada?*

—En el universo entero todo está relacionado. Existe una afinidad entre los Avanzados. ¡Mirad vuestro mundo y hallaréis disputas casi todos los días! No es el caso para los que adoptan tener la mirada puesta en las cimas de Luz siempre viva.

23 de diciembre

—*Si todos miráramos hacia esas cimas de Luz, nadie se perdería.*

—La claridad evidencia en todos los aspectos posibles una motivación de superar cualquier obstáculo. Ante una situación de ofuscación o desesperación, lo más digno es no perder el centro. Es decir, uníos a esa Luz que os da la Vida, porque os salvará de todos los males que se puedan presentar.

—*¿Y cómo nos unimos a esa Luz?*

—¡Dejad de pensar en el mal! De lo contrario, seréis engullidos por su dañina agresividad y no lograréis la victoria luminosa. El pensamiento es una energía muy poderosa que viaja a una velocidad que desconocéis por completo. ¡No os podéis hacer una idea! Así que debéis pensar en el bien siempre, aunque os ocurra un suceso indeseable. ¡Pensar es crear al mismo tiempo! Llamad a la Luz viviente con vuestro pensamiento, y os aseguro que seréis testigos de los más maravillosos hallazgos. ¡La Luz espanta todos los males, no lo olvidéis!

—*¡Gracias, profundamente gracias! Estoy tan emocionada…*

—Comprendo. Sé cómo te sientes. Yo siempre estoy con vosotros. Llamadme, incluso en los momentos más oscuros, gritad si queréis, aunque un simple susurro o un mero pensamiento será suficiente para escucharos.

27 de diciembre

—*¡Se aproxima un nuevo año, la vida no se detiene ni un instante! En estos días de Navidad nos sentimos más esperanzados. ¿Por qué?*

—Recordad que vivís un momento crucial, un cambio de coordenadas en el mapa cósmico. Sucede todos los años con el paso de una estación a otra. Es un hecho que os revela la autenticidad renovada del mismo Cristo Solar. En tal cambio se vislumbra la capacidad de instaurar en todos vosotros una aportación más que suficiente para que comprendáis en su justa medida el significado de lo Revelado.

—*¿De alguna manera sentimos al Cristo Solar?*

—Todas las fuerzas cósmicas compelen a ello. No solo la humanidad está sujeta a su llamada, por así decirlo. Más bien, toda la naturaleza participa en esta congregación, en la entrada en la onda expansiva provocada por la presencia más próxima del Cristo.

—*También son días de fiesta y diversión para mucha gente.*

—Satisfacen unos apetitos instintivos. Es momento de celebrar la Gran Fiesta con la mayor Alegría y de forma que satisfaga a vuestro Espíritu. Ello comporta también una exteriorización de la grandeza contenida.

—*¡Eso significa que el Cristo está más cerca en esta época de la Navidad! Pensaba que era algo simbólico.*

—La simbología es la antesala de lo que está por venir. Os advierte a priori de los acontecimientos que se van a producir. Es una luz en el camino de todo conocimiento, su centinela siempre vigilante.

—*¿Cómo se interpretan los símbolos?*

—El lenguaje de los símbolos no requiere interpretación alguna. Solo hay que aprender a leer su contenido, y nada más.

—*Eso parece muy complejo.*

—La torpeza de querer interpretarlos os lleva a sacar conclusiones ficticias.

28 de diciembre

—*Por ejemplo, cuando miramos el cielo por la noche y vemos las estrellas formando constelaciones, ¿qué simbolizan?*

—Únicamente veis formas, pero hay mucho más.

29 de diciembre

—¿*Comunicación interestelar?*

—¡Sí! Cada forma grupal estelar emite un sonido propio, y estas ondas sonoras son transmitidas. Por ello, cuando se viaja a través de las estrellas, el método para trasladarse de un punto a otro del universo es utilizar esa transmisión. Porque, de esta manera, solo cabe sintonizarse con ese punto para provocar la atracción.

—*Pero este tipo de viaje interestelar podría durar miles de años para los seres humanos, actualmente, claro. ¡En estos momentos pertenece a la ciencia ficción!*

—¡Ya llegará el momento de descubrir el método! Ahora seguís avanzando con una tecnología pesada, producto de una manera de ver vuestro mundo como algo limitado. ¡Vuestro potencial como humanos es ilimitado! Vuestro desarrollo y apertura hacia la inmensidad cósmica están ligados íntimamente a la Conciencia de Amor universal. Ya no hay más conquistas por hacer, más dominios que controlar, más limitaciones que imponer. Vuestro alocado empeño por controlarlo todo os desvía, absolutamente, del camino hacia la Perfección.

—*¡La Perfección! ¡Sin Amor no hay Perfección! Y así, nuestra humanidad, todavía imperfecta, no puede ir mucho más allá.*

—¡Algunos de vosotros ya lo han logrado! ¡Perseverad, pues!

—*¡Sí! Y podremos ver todas las maravillas de la Creación.*

—Esa visión irá unida a un Amor inconmensurable. ¡No lo dudéis! Vuestra observación será un acto de Amor. Porque lo observado se integrará en vosotros, y viceversa. La visión que por el Amor nace, manifiesta lo no manifestado.

1 de enero

—*Hoy es el primer día de un nuevo año que acaba de iniciarse. Tengo la sensación de que ahora el tiempo transcurre con mayor rapidez que en años anteriores.*

—Sabéis muy bien que la Tierra no es algo fijo, pues posee un movimiento de rotación propio. Es cierto que se están produciendo variaciones, imperceptibles para el ojo humano, en la dinámica rotatoria. Esto se debe principalmente a las leyes de la gravitación. La Tierra forma parte de un amplio sistema planetario y, a su vez, de todo un conjunto que se encuentra sometido a unas leyes que la abocan a integrarse en un periodo de mayor ingravidez.

—*¿Mayor ingravidez?*

—¿Os parece curioso ver cómo el planeta se va haciendo cada vez más ingrávido? Esto forma parte de la evolución terráquea, y por ello la materia densa sufrirá cambios importantes en su composición atómica.

—*¿Y qué ocurrirá con el ser humano?*

—Antes de que todo ello se produzca, el ser humano ya habrá encontrado su nuevo mundo, sin las limitaciones de la vieja Tierra en cuya superficie antaño habitó.

—*¡Un nuevo mundo! ¿Cómo es la materia de este mundo?*

—¡Menos densa, por supuesto! Habréis desarrollado la manera de conectar Conmigo. Eso os hará poseer un cuerpo que, naturalmente, no tendrá nada que ver con el actual. Vuestras leyes físicas quedarán obsoletas, pues habréis alcanzado el grado de incorporeidad manifestada.

2 de enero

—*¿Incorporeidad manifestada? ¿Qué significa eso?*

—Por mucho que os explique, no podréis haceros una idea. Pero puedo deciros que la longevidad desaparece porque el cuerpo adquiere lo sublime del Espíritu. Se convierte en un vehículo de la Luz siempre viva, así que no halla limitación alguna.

—*¡Si es así, este cuerpo de Luz no perece nunca!*

—Se transmuta. Muda. Cambia en ciclos de crecimiento, que van variando según el estado en el que se encuentra. Evoluciona a la conquista del Todo.

4 de enero

—*Fuera de la superficie de la Tierra, ese espacio de oscuridad que se cree vacío, ¿qué es?*

—El recipiente que contiene toda la Creación. Se trata de un cuerpo, evidentemente, de unas dimensiones inimaginables y del que nace todo. Su vacuidad hace que el fluido de las ondas de resonancia se propague sin interrupción, porque es mi Voz la que se oye.

—*¡Tu Voz! Así que ese espacio no está vacío. ¡Estás Tú! ¿Cómo podemos escucharte? ¿Cómo es tu Voz?*

—No hay máquina humana que pueda captar mi Voz. Solo me escucharéis en vuestro interior, una vez encontrada la calma. De este modo, hallaréis el Sonido inspirador de Vida, sin bloqueos, sin máscaras. La Fuente creadora. Mi Aliento. El Sonido madre de todos los sonidos que conocéis, y de otros que desconocéis por completo. ¡Cuando lo escuchéis, sabréis que Yo Soy!

5 de enero

—*¡Gracias! ¡Gracias por todo! Espero que muy pronto la humanidad entera escuche tu Voz.*

—Así está escrito.

—*¿Escrito? ¿El destino de cada uno de nosotros está escrito?*

—Vosotros lo escribís en cada momento. No dejáis de tejer los hilos de vuestro propio destino. Sois los artífices principales del movimiento de esos hilos, ¡no lo dudéis!

—*A veces, sentimos que nos hemos equivocado al dirigir nuestro destino por otro camino. Y nos gustaría volver a ese punto, retroceder en el tiempo para poder rectificar. Sin embargo, nos parece imposible, y nos sentimos como perdidos. ¿Qué podemos hacer?*

—Las circunstancias del momento son puntos de partida propiciados por vosotros mismos: las habéis llamado y se han presentado. Los obstáculos que halláis cuando camináis desorientados os cierran el paso y, debido a ello, tropezáis con errores similares. Se produce una repetición por inercia. Al mismo tiempo, cuando vuestra alma ya ha aprendido del error, resurgirá la oportunidad de cambiar vuestro destino y enderezarlo de nuevo. Es una cuestión de aprendizaje del alma.

—*Es decir, ¡hasta que nuestra alma haya aprendido la lección!*

—¡Así es!

—*¿Qué son las circunstancias?*

—La materialización de vuestros deseos, que en ocasiones hallan respuesta y en otras no. Es vuestra proyección hacia el exterior.

—*Pero ¡mis circunstancias pueden coincidir al mismo tiempo con las circunstancias de otros!*

—Así es como creáis vuestro mundo cotidiano, un microuniverso hecho a vuestra medida. Interactuáis y os enriquecéis en este intercambio que se produce al dar y recibir. También os puede traer la confusión. Por eso, caéis en el error de equivocaros en la toma de decisiones.

6 de enero

—*Nos falta sabiduría, ¿verdad?*

—La madurez del alma sabe calibrar adecuadamente, porque tiene un enfoque globalizado de todo lo presente, pasado y futuro. No se detiene en un solo detalle; más bien conoce al instante, y con la profundidad de la mirada que todo lo ve. En un lugar sagrado de la India, los «sabios» tienen la gracia bienaventurada de dirigir sus destinos por senderos iluminados de santidad. Se los identifica como los «Guardianes de las Altas Cimas».

—*¡«Sabios»! ¡«Guardianes de las Altas Cimas»! ¿Podemos verlos? ¿Dónde se encuentran exactamente?*

—Moran en un plano de existencia diferente al del hombre común. Pero pueden haceros visitas con sus cuerpos, que materializan para que los podáis ver, mientras os perdéis en torrentes de aguas incontroladas. Hay otras maneras de estar ante su divina presencia, mucho menos densa, más etérea, una conexión privilegiada que únicamente disfrutan los llamados. Con respecto al lugar terrenal de su morada, no es su deseo que sea revelado. La influencia energética sobre el lugar en sí dispensa un caudal inconmensurable de Gracia bendita. Los corazones abiertos pueden sentir su irradiación, una bendición siempre presente.

8 de enero

—*¿Y quiénes son los llamados que conectan con estos sabios?*

—La pureza de sus corazones es el pasaporte que les abre la vía hacia los viejos sabios. Toman su cuerpo astral como vehículo para trasladarse, pero existe una atracción por su afinidad vibratoria que hace posible el acercamiento. Todos ellos son simplemente seres humanos que han evolucionado un poco más, y aunque a veces se vean atrapados en momentos de incertidumbre propios de la vida mundana, vuelven a recuperar la capacidad de elevarse hacia el Uno. Sí, os cruzáis con ellos a diario, pasan desapercibidos ante vuestros ojos, pero están ahí, como uno más de vosotros y, sin embargo, ya empiezan a comprender.

—*¿Viejos sabios? Entonces, los llamados aprenden con cada encuentro. ¡Qué privilegio!*

—No se trata de una vejez que denote deterioro. Más bien es una forma de expresar la sempiterna presencia de la Sabiduría, puesto que el reflejo de sus semblantes así lo delata. La edad no cuenta ya para ellos. Pueden mostrarse tanto jóvenes como ancianos, dependiendo de cada momento y de la enseñanza que quieran dar. Además, vigilan de forma minuciosa la evolución de los llamados, los principiantes, pues se ha producido un vínculo de unión entre ellos. Ya no hay separación entre el mundo de los sabios y el de sus discípulos. ¿Privilegio? Verdaderamente, no es el privilegio de unos pocos escogidos. Con esto vengo a decir que todos vosotros sois llamados, pero muy pocos son los que escuchan.

9 de enero

—*Es como una escuela, ¿verdad?*

—La vinculación de que se trata no es la misma que la que soléis tener cuando formáis parte de un centro de enseñanza. El pentagrama musical os muestra unos grados tonales, tanto si ascendéis como si descendéis. Suponed que os encontráis en el grado adecuado, es decir, que producís un sonido determinado que llama la atención de quienes saben escuchar. ¡Porque todo, absolutamente todo, emite vibraciones! Es una cuestión de sintonías afines.

—*¡Sí! ¡Comprendo! Cuanto más evolucionados estemos espiritualmente, más elevados serán los sonidos que emitamos y más en sintonía estaremos con los sabios y otros excelsos Seres de Luz. ¡Y la razón de ser de nuestra existencia comenzará a tener sentido de verdad!*

—Se presentan tiempos difíciles para muchos, pero gloriosos para los que ya buscan la Luz.

12 de enero

—*¡Tiempos difíciles! ¡Tiempos gloriosos!*

—No cabe duda de que la humanidad está atravesando por un periodo crucial en su evolución. No hay más que salir a la calle, ver las noticias, indagar un poco en el subsuelo terrestre para darse cuenta de ello. Tendrá lugar un advenimiento en los albores de una primavera, porque la naturaleza renueva su aspecto mostrándose en el renacimiento continuado de una vida que pide salir, brotar por fin. He aquí que los nuevos tiempos presentan señales ineludibles de Aquel que espera en el anonimato, a punto de encontrarse cara a cara con vosotros. Su sangre es la más pura de entre todos los hombres de la Tierra, porque está unida al Santo Espíritu del Amor. Vengo a decir con esto que sois vosotros mismos quienes decidiréis tomar la iniciativa, porque nadie vendrá a rescataros; simplemente se os tiende la mano para compartir la Gloria que vuestro Hermano irá revelando a cada paso. ¡Comprendedlo bien, vosotros elegís! Y así, habrá tiempos de mucha incertidumbre para aquellos que decidan darle la espalda a la Luz venidera, más presente que nunca entre vosotros.

13 de enero

—*Pero ¿quién es Aquel que espera en el anonimato?*

—Han pasado unas décadas, no muchas, desde que llegó a la Tierra. Lleva años preparando su vehículo carnal para así convertirse en instrumento de la Luz. Esto se realiza en el anonimato de un hogar aparentemente normal. Incluso su familia física se halla al margen de este hecho. ¡Ni se lo imaginan! Sus poderes comienzan a revelarse, fruto de un trabajo constante. El tesón de su carácter desprende una entrega absoluta.

—¿*Ahora dónde está?*

—Como he dicho, ha preferido el anonimato, de momento. Sabed que se encuentra en un estado de crecimiento, una Iniciación que requiere una gran fortaleza interior, y para ello qué mejor que vivir lejos del mundanal ruido. Interactúa con el mundo solo para realizar pequeñas gestiones cotidianas, a lo sumo. En su refugio, en una habitación, desarrolla la mayor parte de su vida, alejado de cualquier mirada curiosa.

—*¡En una habitación!*

—En ella es donde se está produciendo el alumbramiento de una nueva Luz que despertará a muchos de vosotros.

14 de enero

—*¡Dios mío, esto es maravilloso! ¡Qué noticia! A más de uno le alegrará saberlo.*

—No desaprovechéis el momento que se avecina. Os aseguro que se abrirán todas las puertas que ahora se encuentran cerradas, porque el que viene en mi Nombre vuelve para modelar como el artesano una era poblada de verdaderos artífices de la Dorada Luz. Unos lo verán con sus propios ojos, mientras que otros perecerán en la oscuridad de sus propias sombras.

—*¡Esto es una revelación!*

—Os lo anuncio ahora.

—¿*Ha llegado la hora del juicio final?*

—¿Qué juicio? ¿Teméis que os juzguen? No hay más juicio que el que os hacéis a vosotros mismos. Mi Amor no conoce juicio alguno. Esa espada que separa a un lado y a otro no existe más que en vuestro interior, producto de la falta de Amor por la Vida. Os lo repito, y no me cansaré de hacerlo: el Amor os acoge, jamás disgrega. ¡Amad, pues, y comprenderéis!

—*Debemos estar preparados para recibir a Aquel que viene en tu Nombre. ¡Abrirle el corazón!*

—La manera de hacerlo dependerá, evidentemente, de cada persona, de su carácter y de su forma de vida. Hay muchos factores determinantes que hacen que las cosas se realicen de una forma o de otra. Pero lo esencial se encuentra en vuestra capacidad de amar y de querer seguir creciendo en el Amor que todo lo da y no se guarda nada para él. Porque el que da en el Amor se renueva y crece sin límites, porque de esa manera dirige su ser al océano infinito del Amor sin fin.

—*Recuerdo cómo me encontraba cuando empecé a hacerte preguntas. Y, ahora, después de unos meses, me siento feliz, porque empiezo a intuir en mi interior el Amor sin fin.*

—Estás haciendo un gran trabajo. ¡Ánimo! ¡Adelante!

—*¡Gracias, gracias de todo corazón!*

—Gracias, por servir a la Luz que te guía.

—*¡Sí! Sin darme cuenta, estas preguntas y respuestas se están convirtiendo en un manuscrito.*

—De eso se trata.

—*Creo que podría estar haciéndote preguntas sin fin.*

—Y las respuestas serían igualmente infinitas.

—*¿Cuándo debería dejar de hacerte preguntas?*

—Todavía no es el momento. El trabajo continúa.

16 de enero

—*¡Bien! Entonces, ya empieza a existir una gran Luz en la Tierra ¡Su alma tiene que ser muy avanzada!*

—Acometer una labor de tal envergadura no es tarea fácil para nadie. Incluso aquellos a los que llamáis almas avanzadas encuentran, a veces, más de un obstáculo en su camino. Pero sí es cierto que la resolución de problemas es clave para poder llevar a cabo la función que se ha de realizar. Y para ello se requiere una luz inmensa, esto es, una sabiduría que solo los Hijos de la Luz atesoran. Sin embargo, no os confundáis, no se trata de una sabiduría aprehendida y repetitiva propia de mentes capacitadas, cuyo intelecto posee la habilidad de retener, desarrollar y exponer, sin más. La Sabiduría de la que os hablo es otra, la verdadera y única.

—*¿Cuál es esta Sabiduría verdadera y única?*

—Es la que ya no hace más preguntas, porque uno mismo ya comprende el Todo. Porque uno se ha fundido con el Todo. El Ser es el Todo. No existe separación. ¿Lo entiendes?

—*¡Esto es muy grande! ¿Comprender? Creo que para comprenderlo habría que llegar a ser Uno con el Todo. Pero, de momento…*

—De momento os hacéis preguntas, a vosotros y a los demás, incluso a Mí. Pero ¿por qué preguntáis?

—*¡Para saber!*

—¿Y qué queréis saber?

—*Pues… la verdad de todas las cosas.*

—¡La Verdad! ¿Y creéis que vuestra mente podría abarcar toda la Verdad? ¿Sabéis qué es la Verdad?

—*Bueno, creo que explicar qué es la Verdad es cómo explicar qué eres Tú. ¡Nuestra mente no puede abarcarlo!*

—Caviláis con vuestros pensamientos, a veces tan pesados que os nublan la mente. ¡Detenedlos, pues! Así no vais a parar a ninguna parte. Aquí no hallaréis la Verdad de la que os hablo. Pero podréis constatarlo en vosotros mismos, sí, así es, cuando os dejéis abrazar por Mí. Os diréis que esto es pura palabrería, pero no lo es. Mientras tanto, seguiréis preguntando y solo obtendréis verdades parciales y confusas.

—*Si es así, esa Verdad, la Verdad, no puede explicarse con palabras, es necesario vivirla. Hay que ser la Verdad viviente. Jesús dijo: «Yo Soy la Verdad». Y algunos le preguntaron: «¿Qué es la Verdad?». Y Jesús no respondió.*

—¿Comprendéis ahora? Porque Aquel que me ha hallado ya no formula más preguntas, porque encontró la Verdad junto a Mí. Y dar una respuesta sobre la naturaleza de tal Verdad no es comprensible para aquellos que todavía no sienten mi Presencia en sí mismos. ¡Es bien sencillo de entender!

18 de enero

—*¡Ah! Pero ¿quién vuelve? ¡Vuelve Aquel que viene en tu Nombre! ¿Quién es?*

—Popularmente es bien conocido. En esta ocasión ha optado por el anonimato. Antaño se dejaba ver rodeado de muchedumbre, porque así lo requerían los tiempos. Hoy, todo es distinto. Aquel que viene vuelve para completar un ciclo.

—*¿Completar un ciclo?*

—Tomará la vía de la comunicación directa, sin mediadores. Un encuentro personalizado, de corazón a corazón, porque habrá una correspondencia mutua, gracias a la apertura de vuestro ser hacia el Espíritu que todo lo anima. Así, vuelve para completar un ciclo de vidas, para recoger la cosecha de la siembra pasada, porque vosotros sois esa tierra que un día fue sembrada. Se encontrará con desiertos y también con una abundancia de frutos que estarán por caer y a los que solo les faltará un poco más de tiempo. Él los hará madurar, os lo aseguro, antes de lo que imagináis.

19 de enero

—*¡Seguro que ahora hay más de una persona que ya está sintiendo su presencia!*

—Hay almas más avanzadas que otras; por consiguiente, para ellas se trata de un encuentro mucho más factible. No todos están preparados para lo que se avecina en breve. No basta con querer, también hay que realizar un largo trabajo que puede durar décadas enteras. Porque aquellos que ya se hallan en camino de convertir su cuerpo en templo del Espíritu han hecho grandes sacrificios de entrega constante. Ya están habituados a una disciplina que realizan con sumo amor.

—*¡Son como yoguis! ¿El yoga, la relajación, etc., ayudan para convertirse en templo del Espíritu?*

—Resulta evidente que son una puerta más para alcanzar tal desarrollo. Sin embargo, hay personas que no saben qué es el yoga y, simplemente, desarrollan la santidad por una disposición del alma hacia la inmensidad que las rodea. Entonces, surge en ellas una emoción extática, una conexión encauzada por la Belleza existente. ¡Mirad, no hay un método! A vosotros os inspira aquello con lo que más os identificáis. Observad qué es lo que os maravilla y os eleva hacia las alturas del pensamiento mundano. Cada uno de vosotros sois el camino, y en vosotros hallaréis la manera más adecuada de transitarlo. ¡Todo os puede ayudar, pero no es lo definitivo! ¿Comprendéis?

—*¡Claro!*

—Pero sí, todos despertaréis lo más sutil que albergáis, unas energías que facilitarán la apertura del Ser a mundos todavía desconocidos por vosotros. ¡Y mucho más!

22 de enero

—*¡Y mucho más!*

—Tras un nuevo nacimiento, va surgiendo otro y luego otro... Vengo a decir con esto que estas energías regeneran la vida de diferentes cuerpos, a cada cual más avanzado y más próximo a su origen divino. A medida que se van haciendo presentes, podéis llegar a interactuar de forma simultánea con todos ellos. ¡Y os preguntaréis qué cuerpos son estos! Bien, en este momento los estáis alimentando, dándoles vida, o todo lo contrario. Poseéis un cuerpo físico, y es evidente que eso sí lo sabéis. También albergáis sentimientos que, sin embargo, ignoráis que forman un cuerpo y los pensamientos, vuestra mente pensante, que sin duda es otro cuerpo. Pues bien, cada uno de ellos tiene una conexión con su correspondiente o análogo, pero a niveles superiores de existencia. Y vuestro potencial como humanos se va desarrollando de forma equilibrada, cuando las energías sutiles despiertan y abren las puertas de los cuerpos elevados. Ahora, mientras tanto, solo sentís un cuerpo físico, un cuerpo emocional y otro mental. Un día sentiréis aún mucho más, y más vibrante. Lo constataréis vosotros mismos.

—*¡Esos cuerpos elevados que poseemos pero que todavía ignoramos son como mundos!*

—Es evidente. Cada forma de manifestación tiene su propio mundo.

—*Y el cuerpo físico tiene su mundo tangible. Pero su correspondencia en un plano divino es...*

—Espíritu.

—*¡Espíritu! Un cuerpo espiritual en un mundo.*

—La Luz viviente, mi Presencia.

—*¡Tu Presencia! ¡La Luz sin fin! ¿Se puede definir?*

—Podrían escribirse libros y libros, pero no sería suficiente.

—*¡Es verdad!*

—No malgastéis palabras para definirme. Así no llegaréis a reencontraros de nuevo Conmigo. Porque, en verdad, sois parte de Mí y Yo Soy parte de vosotros en este instante. Solo falta que volvamos a coincidir para celebrar nuestra unión.

—*¿Qué mensaje quieres que transmita a la gente?*

—¡Uníos! Vuestra unión es mi unión con vosotros. ¡Confiad! ¡Confiad en la Vida, que es sagrada y que os santifica cuando la amáis con todo el corazón! ¡Confiad! ¡No perdáis la confianza en la Vida! Porque Yo Soy la Vida. ¡Amad, no dejéis de amar ni un instante! Porque en el Amor se producirá el Reencuentro. ¡Perdonad! Porque el Perdón os liberará de todo pesar. ¡Aquí estoy, siempre estoy aquí! Sabed que siempre os escucho. ¡No lo olvidéis! Mi Amor está siempre con vosotros. Os amo, os amo, os amo. ¡Confiad en el Amor!

23 de enero

—*¡Confianza! Mantener nuestros pensamientos elevados, luminosos. Pero ¡eso cuesta en este mundo de hoy! Y más cuando sufrimos una crisis económica mundial.*

—Son momentos de grandes cambios para la humanidad actual. Os acechan las dudas ante un futuro incierto que se avecina. La economía mundial actual es un reflejo de vuestras propias carencias a nivel espiritual. Ahora es el momento de pasar página, de reaccionar para daros cuenta del caos generado por el egoísmo más acérrimo. El dinero no es malo, no. Solo el uso que se le dé puede generar daños o, por el contrario, enriquecer de forma equilibrada y equitativa. La riqueza espiritual no está reñida con la riqueza física de un país, y el Espíritu puede aconsejar sobre el buen disponer de los bienes materiales.

»La falacia con la que algunos se aprovechan de los más débiles puede llevar a los países más ricos a una situación insostenible para su economía. ¡Todo es una simple cuestión de equilibrio! Por eso, los gobernantes de hoy deben asumir el papel de auténticos custodios, haciendo prevalecer la Justicia en todos los ámbitos de la sociedad. La Justicia, tanto en la Tierra como en el Cielo, es una virtud. El hombre justo, una sociedad justa, comprende perfectamente la armonía de los contrarios. Vive así en un equilibrio perfecto. La virtud de la Justicia debe integrarse en uno mismo, para que quede reflejada en el mundo que le rodea. Vuestra crisis mundial es la injusticia desenmascarada, que genera desequilibrio, desarmonía y duda. ¡Reavivad la Justicia y volveréis a enderezar el árbol caído!

24 de enero

—*¿Qué significa la «armonía de los contrarios»?*
—Basta con saber cómo se moderan las partes contrarias, sin que prevalezca una más que otra. Siempre debe salvaguardarse la equidad, sin desajustes partidistas. Para ello, es imprescindible comprender en profundidad la naturaleza de la Justicia divina. Porque hay que partir de su epicentro, del origen que ha inspirado a la humanidad, pero habéis olvidado que esa Justicia está impresa en vosotros mismos. Sin embargo, soléis tomar partido por lo que más os interesa, y eso no es más que una falta de equilibrio interior. Aseguraos, primero, de centrar vuestra vida, manteniendo un estado de atención vigilante, porque todo lo que os rodea forma parte de vuestro equilibrio.

28 de enero

—*¡Tus sabias palabras llegan al corazón! ¡Tienen Luz!*
—¡Parece que la Luz estorba a más de uno! No obstante, un día reinará en vuestras vidas. Esa Luz os conducirá por un camino firme y verdadero, y ya no dudaréis más.

—¡Sí!

—¡Estad seguros de ello! Os aguarda la más bella de las vidas, que ya se encuentra impresa en vosotros.

—*Si eres perfecto, ¿por qué no nacimos perfectos como Tú? Parece como si tuviéramos que ganarnos esa perfección.*

—Sois perfectos. ¿Lo dudáis? Vuestra duda os hizo caer en una especie de olvido y desencuentro con todo lo que tenía que ver Conmigo. Algunos de vosotros, no muchos, han logrado salir de esa ofuscación, tras vidas de trabajo empleado para aligerar sus almas, que ya están tocando la grandeza de su Ser.

—*En tal caso, fue la duda, nuestra duda. ¿Por qué dudamos de Ti?*

—Vuestra libre elección os guía. Sois hacedores de vuestros pequeños mundos, que bien pueden ser un reflejo divino, o todo lo contrario.

—*¡Nuestra libertad!*

—Sois libres. Nada os impongo. Sois hijos del eterno Amor.

—*¡El libre albedrío! Nosotros elegimos, nosotros nos equivocamos o acertamos. ¡Parece un juego!*

—Sois un reflejo vivo de Mí. Calmad, pues, vuestras ansias de poder, porque cada vida vivida es una oportunidad que tenéis para reencontrarme. La Libertad es vuestro mejor aliado, cuando se emplea con la mayor astucia, sin detrimento del más puro de los actos encaminados a la obtención de la siempre viva Verdad. La Libertad enaltece al Ser, porque son indivisibles.

—*¿Sabías que tus hijos humanos dudarían de Ti?*

—Evidentemente. Sabed que formáis parte de mi Proyecto, inacabado todavía.

—*Esto significa que la Creación está inacabada.*

—Todo se encuentra en estado de crecimiento, de expansión.

29 de enero

—*¿La Creación se detendrá?*

—Volverá a su Inicio.

—*¡El Inicio eres Tú!*

—Manifestado.

—*¡Dios manifestado! Y antes del Inicio, ¿qué hay?*

—Solo Yo.

—*¡Solo Tú!*

—Mi Nombre no lo define.

—*¿Cómo se define?*

—Las palabras no pueden hacerlo.

—*¿Una aproximación?*

—Ya no sería Yo. Los términos que utilicéis no pueden abarcar lo inabarcable.

—*¿Podremos saber algún día cómo eres no manifestado, solo Tú, el Dios que está más allá de la Creación?*

—¡Maravillas se han contado de Mí! Pero debéis saber que aquel que lo logre puede que no vuelva, y aun volviendo no sabría definirlo.

—*¡Vaya! Entonces, los seres celestiales también son parte de Ti manifestado. ¿Significa esto que ellos tampoco te conocen no manifestado?*

—Algunos ya están Conmigo.

—*¿Y volverán después a la Creación manifestada?*

—No todos.

—*¿Quién decide si se debe volver o no?*

—¡La Libertad! Aquel que me halla es un Ser libre.

—*¡Gracias! ¡Qué cerca estás de nosotros, pero muchos no se dan cuenta de ello!*

—Aquí estoy. Presente.

—*¡Sí! ¡Y aquí estás, respondiendo a mis preguntas!*

—Cada respuesta que vierto sobre vuestros corazones sirve para que os reencontréis con vosotros mismos, que no es sino otra manera de encontrarnos de nuevo.

30 de enero

—*¡A veces cuesta tanto reencontrarse con los amigos de antes! Aquella magia que nos unía parece haberse evaporado para siempre. Y el corazón lo siente profundamente.*

—¡No estéis tristes! Rememorar el pasado, vuestra andadura particular, no debe pesaros aun cuando fueron tiempos de felicidad. Vuestro presente es el resultado de aquel pasado vivido, así, sin más. Aferrarse a lo que uno experimentó es, sin duda, un no vivir. Aquellos momentos de dicha no se han desvanecido, en absoluto, ya que todo ha quedado grabado en el Gran Libro de la Vida.

—*¿Qué es el Gran Libro de la Vida?*

—Empezasteis a escribirlo desde el momento en que fuisteis creados. Todas vuestras vidas quedan registradas en él con todo detalle.

—*¿Y dónde se encuentra? ¿Podríamos acceder a él?*

—Acerca de su existencia, debéis saber que lo custodian los Hermanos de la Cuarta Generación Raíz. No podéis verlo sin su consentimiento previo. Tampoco se halla en el plano de existencia de la vida humana. Vuestra alma es el vehículo que os llevará hasta él.

—*¡Vaya! Siendo así, podríamos saber todo lo que ha acontecido en la Tierra.*

—Así es.

—*¿Qué hay que hacer para lograr el consentimiento de los Hermanos que custodian el Gran Libro de la Vida?*

—Algo muy sencillo. Vuestra tarjeta de presentación es la pureza. Aquí no cabe ningún tipo de engaño.

—*Por ejemplo, ¿se podría ver cómo fueron las vidas de Buda, de Jesús de Nazaret… Cualquier detalle íntimo de sus vidas en la Tierra!*

—Efectivamente.

—*Como si estuviéramos viendo una película.*

—Más que eso.

—*¿Qué quieres decir?*

—Lo viviríais en primera persona, formando parte de esa historia.

31 de enero

—*¿Quiénes son los Hermanos de la Cuarta Generación Raíz?*

—Pertenecen a una oleada de humanos nacidos bajo el influjo de la Luz de Venus. Manifiestan una gran belleza de semblante, y su reino, del mismo modo, es una morada forjada con el más puro Amor de sus corazones.

—*¿Eso significa que hay vida en Venus?*

—¡Por supuesto! Pero no es como vosotros concebís la vida. Su manifestación es fruto del Amor, sin las limitaciones de un cuerpo carnal.

—*¡Claro! Por eso, nuestra tecnología solo permite que veamos un planeta desierto, sin vida.*

—La Vida, os lo vuelvo a repetir, no es únicamente lo que se reviste de carne. Esa no es más que una manera de ver las cosas. Hay más formas de existencia, y la Vida no se limita a una sola.

—*En tal caso, a aquel que tiene un cuerpo de carne le puede costar acceder a un mundo más sutil.*

—Recordad que tenéis más de un cuerpo, y a cada cual le corresponde su morada. Solo debéis desarrollarlos, ahora, y podréis comunicar con los seres que lo habitan.

—*¡Sí! ¡Sería maravilloso!*

—¡Podéis hacerlo!

2 de febrero

—*Pero desarrollar esos cuerpos más sutiles que el físico es una tarea muy difícil, ya que en el mundo en el que vivimos impera el materialismo.*

—¡Constatar que ya existen es una manera de empezar su desarrollo! Consciente o inconscientemente, llevaréis a cabo su impulso, fortaleciéndolos hasta el punto de sobrepasar las fronteras tan desconocidas hasta ahora. Mirad, vuestro materialismo os determina, encasilla, delimita, no es más que una visión distorsionada. ¡No os desalentéis porque viváis en un mundo materialista! Al contrario, tomad ese materialismo como soporte, una ayuda más para alcanzar esos otros mundos que os esperan desde siempre. ¡Habéis de ser vosotros quienes controléis las fuerzas de ese materialismo!

—*¿Cómo podemos controlarlo?*

—Dedicad tiempo al Espíritu.

—*¿Cómo lo puede hacer una persona que está inmersa en el trabajo, en sus problemas…?*

—¡El Espíritu puede trabajar también por vosotros! Empezando por tener pensamientos elevados, luminosos, cada día que vais al trabajo, y así estaréis invocando a la Divinidad que habita en vosotros. Si lo hicierais así, vuestro mundo sería otro muy distinto del que conocéis ahora.

—*¿Solo con pensar en el Espíritu?*

—Además, es un ejercicio que conlleva concentración y, después, afirmación. Así, estaréis forjando una idea sublime, esto es, una energía cuya vibración alcanzará otros planos de existencia más elevados, para después volver a vosotros y renovaros.

—*¿Concentración y afirmación?*

—¡Calmad vuestras aguas revueltas! ¡Podéis hacerlo! Acostumbraos a vivir con una relajación mayor de lo habitual. ¡También podéis hacerlo! No hay excusas. A partir de aquí, este es un buen punto de partida. La respiración os mecerá, como si fuerais un recién nacido. Así es. Y, repentinamente, surgirá ese instante en el que todo se centrará en un solo punto de Luz. Cuando percibáis su resplandor, ya lo habréis afirmado. ¡Trabajad, pues, concentrados en la Luz que os aguarda dentro de vosotros! ¡Está aguardando a que la descubráis! ¿A qué esperáis?

—*Hay una estrella en el cielo que brilla día y noche. ¿Está anunciando algo?*

—Ya os lo he dicho. Dedicad vuestro tiempo a preparar el camino para Aquel que viene en mi Nombre. Formad parte del trabajo que ha de desarrollar aquí. No se os pide que vayáis detrás de él como antaño, porque en vuestro día a día podéis participar de forma directa. Estáis preparados para ello. ¡Tenéis un dilema, sí! Necesitáis ver para creer. ¡Entonces, veréis!

—*¡Veremos!*

—¿Y después?

—*¿Después? ¿Qué quieres decir?*

—¡No basta con ver! ¡Hay que ser! Y ya os estoy mostrando el camino con mis palabras. Entretanto, estáis sedientos de ver milagros con vuestros propios ojos cuando, en realidad, sois vosotros quienes podéis hacerlos. ¿Cuándo os daréis cuenta de esto? Buscáis maestros espirituales para que os atiendan y os guíen. Pero, en verdad, sois vosotros esos maestros que aguardan en vuestro interior. Dejad que afloren los mayores atributos que fueron depositados en cada uno de vosotros. ¿No estáis hartos ya de luchar contra vosotros mismos? ¡Ha llegado la hora!

—*¿Ha llegado la hora?*

—Desprendeos de vuestras vestiduras más pesadas. Aligerad el paso, pero con aplomo y firmeza. Sabed que son tiempos de reconversión para el mundo entero. Mantened la mirada puesta en lo más Alto. Afianzad este paso, y avanzaréis con pie firme por encima de las ciénagas que se ciernen sobre vuestro mundo.

3 de febrero

—*También había una estrella muy especial en el firmamento, cuando nació Jesucristo hace unos dos mil años.*

—La familia humana ha sido testigo, más de una vez, de la venida de un representante del Cielo. ¡Ya camina hacia vosotros, se acerca la hora! ¡Ya está aquí, compartiendo vuestros días y vuestras noches!

—*¡Sí!*

—Sus bendiciones ya se están derramando sobre vuestros corazones. Poned atención en ello, y podréis sentirlo.

—*Experimento mucha alegría.*

—El gozo abre las puertas del corazón.

—*¡Sí! No sé qué decir en este momento. Es como si todo ya estuviera dicho, y no hiciera falta añadir nada más.*

—Siempre necesitáis controlar cada uno de los momentos de vuestra vida. Pero ¿sabéis qué es ese control?

—*¿Qué es?*

—Es como estar maniatado, sin tregua. Dejar de controlar es expulsar de uno mismo la intención de poder sobre todo lo demás. No es necesario que sigáis controlando la vida. Vuestro control es un arma arrojadiza contra vuestra propia libertad. Si no sois libres, vuestra alegría solo es un puro espejismo, nada más. Dime, ¿cuántos de vosotros os habéis liberado de ese control?

4 de febrero

—*¡Creo que muy pocos! Algún yogui, algún santo...*

—¡Sí! Muy pocos son los que han optado por dejar de tener el control.

—*Pero ¿cómo se puede vivir sin control en este mundo? ¡No comprendo muy bien lo que quieres decir!*

—Todo estriba en la capacidad que se tenga de mantener un equilibrio entre vosotros mismos y el mundo exterior. Quiero deciros con esto que la vida se bloquea cuando os concentráis en los asuntos cotidianos y lo hacéis con una intención de dominio pleno. ¡Abandonad esa postura, esas ansias de querer controlarlo todo! Así manifestáis un desequilibrio absoluto, un desajuste con la realidad en sí. Basta con acercaros a la vida sin atropellarla; más bien uníos a ella sabiendo que la compartís, con una visión más amplia e integradora. ¡Yo no os controlo! ¡Yo os amo! ¿Comprendéis? ¡Amad la Vida, esa es la clave! ¡El Amor os libera!

6 de febrero

—*¡Tenemos tanto que aprender los seres humanos! En cambio, cuando observamos la naturaleza, todo parece estar en armonía.*

—Manifestáis un modo de ser egocéntrico, generación tras generación. Los hijos aprenden de sus padres, y así sucesivamente, a lo largo de la historia de la humanidad. Es difícil romper esa cadena que une a las personas entre sí, esas raíces tan profundas que, a veces, pueden controlar vuestra propia vida. La familia verdadera reúne a sus miembros con un único destino llamado Amor. En muchas ocasiones, habéis convertido la familia en un campo de batalla, y por eso no lográis avanzar. Estáis sujetos a tener que repetir lo que vivieron otros, habéis heredado sus desarmonías. ¿Cómo romper con todo esto? ¡Hay que reaccionar y cambiar por completo vuestra visión de la Vida! Será en ese instante cuando os asombraréis y comprobaréis que formáis una familia con la naturaleza viva. La Armonía os brinda la manera de vivir en Unidad, compartiendo toda la Creación, sin controladores ni controlados. ¡Ese es el auténtico fluir de la corriente de Vida!

7 de febrero

—¡La corriente de Vida!

—Varias veces os habéis perdido, alejado, olvidado de ella. Y sin saberlo, la catástrofe ha llegado a vuestras vidas. Vuestro lamento es la prueba. Mediante un cúmulo de negatividad, estáis creando un submundo por donde la Vida apenas fluye. ¿Comprendéis?

—*Es comprensible. ¡Claro! Pero ¡hay tantos peligros ahí fuera que pueden alejarnos de esa corriente de Vida…!*

—Tenéis por costumbre culpar a los demás de vuestros infortunios. A veces, no comprendéis por qué os suceden, y pensáis que se trata de un castigo divino. ¡No olvidéis que Yo Soy Amor! El Amor no genera castigos. Os repito que las desarmonías que os vienen a visitar, de vez en cuando, son reajustes que vuestro ser reclama, basándose en las vidas pasadas.

—*Es decir, pagamos con creces todos nuestros actos negativos del pasado. ¡Son como pruebas!*

—En mayor o menor medida. Pero colaboráis en ello. Nadie se libra.

—*¿En mayor o menor medida?*

—Vuestro esfuerzo por avanzar en la Luz es el medio más eficaz de atajar las consecuencias del pasado.

—*¡Comprendo!*

—Entonces, ¡empezad a trabajar!

9 de febrero

—*¡Sí! ¡Hay que trabajar!*

—No os desaniméis. Tratad de escuchar la voz interior, el fluir de la Vida a través de vosotros. No os molestéis en buscar la Verdad en la voz de otros, que se hacen llamar maestros espirituales. No os dejéis engañar. ¡Cuidado! ¡Estad alertas!

—*¿Falsos maestros?*

—¡Sí! Ahora abundan.

—*Algo de esto mencionó Jesucristo…*

—Más de uno dirá que él es el Enviado.

—*¡Vaya! Habrá que estar muy atentos.*

—Aquel que ya camina entre vosotros os habla directamente al corazón. Son momentos de una gran concentración estelar. Se revelan nuevos tiempos, hallados los designios de un pasado anunciado.

10 de febrero

—*¿Momentos de una concentración estelar? ¿Designios de un pasado anunciado?*

—¡Confianza! Vuestro declive como sociedad está tocando fondo. Las emanaciones negativas del pensamiento humano están haciendo reaccionar a la Tierra en su conjunto. Me pedís que os ayude, cuando no hacéis más que cerrarle la entrada a mi Inspiración. ¡Pedid mi ayuda, sí, pero antes de que suceda lo inevitable! ¡Debéis estar siempre preparados! Y en estos momentos cruciales, se está produciendo la apertura de nuevas corrientes, desencadenantes de reacciones en vuestro mundo y que conforman una concentración de fuerzas derivadas de la presencia más próxima del Cristo. Va a ser un detonador, un cambio, que demolerá los pilares que sustentan la inmundicia humana. Cabe decir que en un pasado fue anunciado lo que ahora estáis empezando a vislumbrar en primera persona.

12 de febrero

—*Esto me recuerda los tiempos de Jesucristo. Algo ya se anunciaba sobre su regreso a la Tierra. ¿Es él quien ha vuelto?*

—Como ya os indiqué, su identidad se desvelará a su debido tiempo. Dar a conocer un nombre ahora no tiene sentido, cuando él mismo guarda un total anonimato. Los Hermanos y él así lo han acordado. ¡Mantened la calma! ¡Abrid bien los ojos! Se acerca la hora, y nadie os tendrá que decir de quién se trata. El Anunciado se presentará con esa sutileza propia de las Almas avanzadas, que solo vuestro ser más profundo sabrá reconocer. ¡Estad atentos! Hoy mismo puede cruzarse en vuestro camino. No perdáis esta maravillosa oportunidad.

—*¿Será una presencia física?*

—Dependerá de cada caso.

—*¿Qué quieres decir?*

—Una energía más o menos condensada no deja de ser una presencia. Algunos ya podéis sentir su aura. En cambio, para la gran mayoría esto es imposible, por su falta de Pureza. Sin embargo, removerá toda la tierra a su paso, fecundándola, aunque la oscuridad la cubra por entero.

13 de febrero

—*Pero ¡puede haber personas que se resistan a ello! ¿Qué sucede en estos casos?*

—La manera de arrancarles ese velo que entorpece un acercamiento a la Luz, sin duda, está en el propio acto de amar. Porque es ante el Amor, este esfuerzo infinito de entrega, cuando se disuelven todo tipo de resistencias. Tarde o temprano, todos los muros caerán ante la oportunidad que nos ofrece el más puro Amor. ¡El sufrimiento tiene fecha de caducidad!

—*¿El sufrimiento es ese velo?*

—Vuestros sufrimientos os nublan la vista, son el centro de vuestra vida y, desde luego, crean una línea divisoria entre el Amor y vosotros. En cambio, el Amor os tiende la mano para que seáis uno con él.

—Ahora hay mucho sufrimiento sobre la faz de la Tierra. Muchas mujeres sufren agresiones o son asesinadas por sus propias parejas. ¿Por qué está sucediendo esto?

—Ante estos graves hechos, cabe destacar la imposición masculina de querer dominar a los demás. Se ha desencadenado una reacción a gran escala de celo y poder. Vuelvo a repetir que todo esto es fruto de un desconocimiento absoluto de lo que es el Amor. El principio femenino empieza a tener presencia en vuestro mundo, algo necesario para restablecer el equilibrio planetario. El hombre debe reconciliarse con la mujer tanto en su fuero interno como en el exterior. Vuestra perpetuidad y avance dependen de un único hecho: la unión del hombre y la mujer en el Amor. Lo demás es oponer resistencias a la Vida. Toda la Creación es fruto de esa unión de los principios masculino y femenino. ¡No lo olvidéis!

17 de febrero

—Por otro lado, la vida continúa aquí en la Tierra. Y muchos científicos se siguen preguntando sobre el origen del universo. En la actualidad están elaborando la «teoría del universo» ¿Hubo un Big Bang? ¿Esta teoría va bien encaminada?

—Vaticináis, sopesáis, comparáis y, aún más, consideráis que las respuestas están tras esas preguntas. Queréis encontrar la punta del iceberg más allá de vosotros, cuando la verdad de todo, desde el principio de los tiempos, se halla en vuestro interior. Los científicos han hecho cálculos matemáticos, a lo largo de los siglos, tratando de buscar el origen de un universo físico. Sin embargo, solo encontrará la respuesta aquel que indague en las profundidades más recónditas de su Ser.

»¡Mirad, vosotros sois un reflejo perfecto de lo creado-manifestado! Y la teoría del Big Bang no es del todo correcta. Se enfatiza en una explosión cuya envergadura desafía a cualquier mente humana. ¡Y no es así! El origen está presente en la misma esencia de todo ser vivo. Lo no manifestado se hizo manifiesto en un acto de Amor. ¡Una fusión! Y esto no deja de producirse a cada instante, en vuestro planeta y fuera de él. Y os preguntaréis: «¿Cómo ocurrió esa fusión? ¿Qué se fusionó? ¿Qué surgió tras la fusión?». Sabed que lo Invisible se hizo Visible haciéndose Dos. Es un juego de alternancia entre el Uno y el Dos. El Uno se hizo divisible en Dos. A partir de ahí, siendo Dos, masculino y femenino, era posible crear. Lo primero que surgió como reflejo del Uno fue la Luz, cuya proyección emitió el Sonido primigenio.

18 de febrero

—¿*La Luz y el Sonido?*

—El inicio del mundo que conocéis no fue una explosión. Fue como el primer amanecer de todos los amaneceres. La vibración de la Luz es una constante del Amor eterno. No hay Luz sin Amor, ni Amor sin Luz. He aquí los dos principios que estimulan el acto de procrear toda vida.

—*¡Vaya! Eso significa que la Luz y el Amor forman el verdadero matrimonio que crea el mundo.*

—No solo vuestro mundo. También crea todos los demás universos de existencia manifestada. Esto viene a significar que hay mundos más o menos densos, dependiendo de la mayor o menor vibración de la Luz emitida.

—*De esto ya hablamos antes, sí, de esos universos más sutiles, más avanzados en el Amor, más próximos a Ti...*

—¡Sí!

—*...Y a los que podemos acceder, pero esto dependerá de nuestro progreso espiritual.*

—Sois seres espirituales con un cuerpo de carne. A pesar de todo, os habéis ceñido a vuestro traje temporal, olvidando la eternidad. Así vuestra espera no es más que un retroceso, el olvido de quiénes sois en realidad. La Luz que encendió vuestro primer día aún permanece dentro de vosotros. Todo lo que ha sido creado sigue albergándola. Algunos de vosotros ya la estáis viendo, ¿verdad?

—*¡Sí! ¿La primera Luz fue como el primer Sol?*

—Fue el embrión solar, y el Sonido le dio forma circular.

19 de febrero

—*¡Embrión solar, forma circular...!*

—Un continente abarcando su contenido.

—*¿Quieres decir que el continente es circular y el contenido es el embrión solar?*

—Es una forma de aproximarse a la realidad de la Creación. Evidentemente, existe un núcleo de donde todo nace y adonde todo vuelve.

—*¡Esto es como la visión de un centro que está contenido en un círculo!*

—Sencillo, ¿verdad?

—¡Sí! ¡Un círculo y un punto!

—Después de todo, en el instante en que veáis el Sol interior, comprenderéis realmente.

—*¡Nuestro Sol interior es el reflejo de ese punto o centro Creador!*

—¡Sí! Y quienes lo conocen ya no dudan más de su origen.

20 de febrero

—*Eso prueba que somos tu imagen. Pero ¿qué parte de nosotros es la que percibe esa Luz?*

—Se revela el Observador que aparece escondido tras los velos de la personalidad.

—*¿Quién es ese Observador?*

—El Ser libre.

—*¿Y cómo es ese Ser libre?*

—Omnisciente.

—*¡Es maravilloso saber que albergamos estos tesoros en nuestro interior!*

—Vuestro interés en querer hallarlos, ¡ahí está la clave!

—*¡Nuestro interés!*

—¡Naturalmente! El interés es el impulso que os mueve en la vida.

23 de febrero

—*¡Sí!*

—Un interés del todo egocéntrico os conduce hacia un callejón sin salida. No hay horizontes más allá de un interés personalista.

—*Comprendo.*

—¡No os engañéis, ni os dejéis engañar por otros! Antaño necesitasteis pastores para que os guiasen. Hoy se os invita a que colaboréis con el Uno de una forma directa, sin más intermediarios. ¡Movilizad esa voluntad interior, despertadla, dirigidla hacia la Luz que albergáis y que en un primer momento os dio la Vida!

—*¡Sí, creo que es posible! ¡Podemos lograrlo! Nuestra voluntad debe estar bien dirigida.*

—¡No lo dejéis para mañana! Cada día de vuestra vida cotidiana puede ser el mejor terreno de abono. Todo es importante, cualquier detalle cuenta.

—*¡Cualquier detalle de la vida cotidiana es importante!*

—Es como vuestro laboratorio de prácticas. Aquí mismo es donde se inicia la búsqueda de los más bellos tesoros que esconde vuestro corazón. Una vida sencilla, que no quiere decir pobre, viene a facilitaros la solución a todos vuestros problemas cotidianos. La sencillez es la desnudez del alma, que no se deja corromper por el más mínimo atisbo de prepotencia.

24 de febrero

—*Han transcurrido millones de años, pero el ser humano avanza lentamente hacia la Verdad, la Paz, el Amor... ¿Tanto nos cuesta? En este principio del siglo XXI, la negatividad se está adueñando de muchas personas.*

—Escaláis altos peldaños por un porvenir mejor. El desequilibrio reinante no debe alarmaros. Al contrario, este es el momento de reflexionar y poner las cosas en su sitio. Muchos de vosotros tendréis que soportar grandes pruebas, porque así los tiempos lo reclaman. ¡Es momento de hacer limpieza general! Los grandes cambios tocan a vuestra puerta. Fuerzas contrarias se están viendo las caras. No se trata de una lucha. Solo es la idiosincrasia de un fenómeno llamado Equilibrio. La balanza está soportando un peso desmesurado por un lado. Ahora es el momento de ajustarlo. Y aunque no queráis hacerlo, viviréis esa certidumbre en todos los rincones del globo terráqueo. Las llamadas fuerzas oscuras se verán en la tesitura de retroceder ante la siempre Presencia del Todo Luz. Vuestras profecías empiezan a cumplirse.

26 de febrero

—*Ahora estoy pensando en el Apocalipsis de san Juan.*

—Arduo trabajo inspirador y fuente de hallazgos, que muestra verdades todavía sin descifrar. He aquí la gran obra de un Hermano de Jesucristo, elaborada en la mansedumbre de un alma entregada al Amor crístico. Es cierto que varias postulaciones indican momentos actuales.

—¿Por ejemplo?

—Las inquietudes del momento reflejan una situación de duda constante. Algunas puertas se han abierto, tanto del astral inferior como de las más altas cimas del Espíritu. Los extremos vienen a presentarse a vuestro mundo. Por eso, hoy, las sombras os acechan sin tregua y la Luz os tiende la mano con tal cercanía. ¡Mirad, no hay una lucha entre demonios y ángeles! ¡No! Sois vosotros quienes los enfrentáis. Ellos solo hacen su trabajo a través de vosotros. Es una cuestión de abrir o cerrar las puertas a lo que más os interese. Sin embargo, habéis dado prioridad a las fuerzas oscuras, lo que le resta Luz al mundo que os rodea. ¿Comprendéis? ¡San Juan ya lo anunció!

27 de febrero

—¿Los Jinetes del Apocalipsis, y...?

—Es una manera simbólica de hablar. Tras todo eso, hay unas fuerzas que pueden desencadenar el caos. Sin duda alguna, representan las directrices y simbiosis del mal, que se erige para el sometimiento de la raza humana. A lo largo de los siglos, habéis sufrido desgracias colectivas, que indican que la humanidad, a veces, se encuentra a la deriva. Las guerras, la hambruna, la enfermedad y, por último, el egoísmo exacerbado son muestras exactas de un variopinto escenario que deja entrever la visión futurista que san Juan plasmó en el apocalíptico manuscrito.

—¿Quién es Aquel que inspiró a san Juan en el Apocalipsis?

—Las visiones de san Juan fueron guiadas por Aquel, entonces llamado sumo sacerdote del Altísimo. Fueron años de constantes encuentros, un arduo trabajo de recogimiento, metamorfosis y sumisión en pos de la más alta jerarquía de los Iniciados.

—*¿Melquisedec?*

—Él instauró la celebración eucarística del pan y el vino. A él también lo llamaron sumo sacerdote del Altísimo. Es el Iniciador de los maestros Iniciados.

—*Parece un Ser muy misterioso. Pero ¿quién es?*

—En un principio, representa la cúspide de la perfección humana. Es el primero de los Hombres-Cristo.

—*¿Podemos verle?*

—Si así lo requiere el momento.

2 de marzo

—*¿Dónde habita?*

—En la Tierra hueca. La Vida florece por doquier y, de esta manera, la Luz perfila y moldea todo lo que allí habita.

—*¿Una Tierra hueca? ¿Está en este mundo?*

—¡No es lo que pensáis! Es una forma de expresar el resultado de un trabajo relacionado con el Amor más puro. No es una Tierra como la vuestra. No. Más bien se sitúa en el centro de un principio llamado solar. Cristos mora en él.

—*¡Cristos!*

—¡Sí! Sabed que algunos de entre vosotros ya moran allí.

—*¿Por qué Cristos y no Cristo?*

—¡Comunión!

—*¿Qué quieres decir?*

—Es la Unidad de todos cuantos habitan.

—*Entonces, todos ellos son Cristos.*

—Sí.

—*Pensaba que solo había un Cristo.*

—Y así es. Pero la familia crística se pluraliza al ser investido cada uno por el Cristo.

—*¡Comprendo!*

—En realidad, viene a significar la presencia del Cristo en la diversidad manifestada, pero irradiando al unísono.

3 de marzo

—*Aquel Ser que se le apareció a san Juan y dijo: «Yo Soy el Alfa y el Omega», ¿qué quería decir? ¿Quién era?*

—¡Principio y Fin! Aquel que se muestra así lleva consigo la Alianza Eterna. Sirve a la humanidad desde el devenir de sus días. Es el Regente en el Mundo.

—*¿Qué es esta Alianza Eterna? ¿Regente en el Mundo?*

—La Alianza representa la vinculación directa con la Divinidad. Su naturaleza es prácticamente incomprensible para una mente humana, excepto para aquellos que han logrado la Santidad, que ya comienzan a comprender. Todos los mundos están regentados por sus más insignes representantes celestiales.

—*¡Vaya! Supongo que estos Regentes del Cielo no gobiernan solos.*

—Así es.

5 de marzo

—*¡No llego a comprender esa Tierra hueca que comentas!*

—Bien. Suponed que habitáis en el corazón mismo de la Tierra. Es ahí, en su centro, donde se encuentra la fuerza motriz que os lleva a experimentar el origen de la Vida, y que no es más que el Amor. Decir «Tierra hueca» es una manera de reflejar cómo son sus moradores. En este punto el Ser se muestra absolutamente vacío de toda limitación. Ha desafiado incluso a la muerte. Ha encontrado la Libertad, por fin. Aquellos que la habitan son la imagen pura de la Luz de su mundo.

—*¡Comprendo!*

—*¡Si lo vivieseis...!*

—*¡Claro! ¡Sería maravilloso! Pero ahora a muchos les toca vivir una vida bastante gris. ¡Es duro, la verdad, muy duro!*

—Grandes cambios se avecinan para la humanidad. ¡Estad preparados! No desaprovechéis esta oportunidad de poder avanzar un poco más hacia los mundos de Luz. ¡Sé muy bien por lo que estáis pasando! Son tiempos de oscuridad para vosotros; sin embargo, en medio de todo ese caos, ya reluce la Gran Presencia sin sombra. Haced como si ya estuviera presente en vuestros días, y veréis cómo vuestro mundo se ilumina. ¡Se os pide que le preparéis el camino, sí! ¡Cambiad de actitud! Y no os dejéis engullir por la negatividad que os acecha y que viene a devoraros. Creéis en la existencia de momentos negativos. ¿Por qué no creéis también en los momentos positivos? ¡Podéis hacerlo! Pensad, pues, de manera contraria. ¡Y, así, cambiaréis vuestro mundo! ¡Hacedlo! ¡Ya!

—*¡Es cierto! Debemos controlar nuestros pensamientos, estar más atentos.*

—Sin duda. ¿Por qué dudáis de vuestro Poder?

—*¿Nuestro Poder?*

—Sí. Sois imagen de la Divinidad. También poseéis los más altos poderes celestiales. Claro está, no para satisfacer vuestras peticiones egocéntricas.

9 de marzo

—*¡Ya! El egoísmo ciega a la humanidad, le hace olvidar de dónde procede y qué poderes tiene. ¡Es trágico!*

—Constatarlo es dar un gran paso. Ignorarlo supone vivir una ficción que se va repitiendo encarnación tras encarnación. Es lamentable, sí. Pero en ello consiste la libertad que tenéis, ya sea para errar o para acertar.

—*¿Y cómo es la libertad de los seres celestiales?*

—¡No da margen al error! Es porque han alcanzado la Gloria y se han identificado con la Divinidad. En estas moradas reina la Libertad fruto del Amor sin límites.

—*¡Qué maravilla!*

—¡Sí! ¡No os lo podéis imaginar!

—*Es verdad, pero ¿hay algo en esta Tierra que se le pueda parecer?*

—¡Evidentemente! No obstante, no deja de ser un espejismo al lado de la auténtica Libertad. Si observáis bien, la naturaleza de vuestro mundo puede llevaros a experimentar sensaciones nuevas, muy distintas, que os harán descubrir formas de vida que están más en armonía con el Creador.

10 de marzo

—*Cuando veo una bandada de aves volando en formación siento algo muy especial. Me emociona profundamente esa visión. Hay belleza, armonía y perfección.*

—Deja constancia de una sabiduría que muy pocos humanos logran comprender.

—*¿Qué sabiduría?*

—¡Parecéis cabras que se han perdido en el monte porque no encuentran a su pastor!

—*La verdad es que sí.*

—Bien. La naturaleza entera os advierte de una Presencia, que cambia con el paso de las estaciones pero que siempre se encuentra ahí. ¡Es la Vida! Los seres que están en comunión con ella llevan su chispa por todas partes y, asimismo, conocen todos sus misterios. Esto es la Sabiduría viviente.

—*¡La Sabiduría viviente!*

—Sí. Vuestro avance va ligado a ella. Si destruís la naturaleza, tenéis los días contados. Queréis controlarla, dominarla y, a veces, asolarla. Pero ¿no sabéis que vosotros los humanos formáis parte también de la naturaleza viviente?

—*¡Sí!*

—Los recursos naturales empiezan a escasear. ¿Qué vais a hacer al respecto?

—*Parece que los países más ricos están buscando soluciones.*

—¡Sí, lo sé! Mientras en los despachos se discuten extensas propuestas, seguís dándole la espalda a la naturaleza. El problema que tenéis ahora es mucho más grave de lo que pensáis.

—*¿Te refieres, por ejemplo, al cambio climático?*

—Ese cambio supondrá una auténtica purga para la totalidad de la Tierra. Tomar precauciones a estas alturas es como querer cerrar con una tirita una herida muy profunda.

—*¡Pero se podrá hacer algo al respecto!*

—Afianzad vuestro Amor, y no sucumbiréis a las tragedias. Mirad, la naturaleza es un ser vivo y, como tal, también observa vuestros actos. ¡Ahora está más alerta que nunca! Tiene un corazón, sí. ¿Lo dudabais?

—*¡Vaya!*

—Entonces, ¡uníos a ella! Amadla y respetadla. Y el equilibrio se restablecerá de nuevo entre la naturaleza viva y vosotros.

—*Pero muchos pensarán que con el Amor no será suficiente...*

—¡El Amor es el mayor milagro! Puede cambiarlo todo, absolutamente todo.

—*¡El Amor!*

—¡Amad, y vuestro mundo cambiará! ¡No lo dudéis!

11 de marzo

—*De nuevo volvemos a hablar del Amor.*

—Principio y Fin.

—*¡Sí!*

—El Amor no se detiene. ¡Es la Vida! El Fin es un volver a empezar: el Principio. Y así, por toda la Eternidad.

—*Es decir, es como un círculo.*

—Se asemeja a ello.

—*¿Nuestros nacimientos y muertes, reencarnación tras reencarnación, son como círculos de vida?*

—Es cierto que olvidáis por completo las vidas pasadas de vuestras anteriores encarnaciones. ¿Por qué? Porque todavía os movéis por el mundo como sonámbulos. Todo es tan mecánico y repetitivo en vosotros que no dais paso a la auténtica razón por la cual estáis vivos. Y cada nacimiento y muerte forman una secuencia vital, asociada a la coordenada misma de la materia densa.

—*¿Una secuencia vital?*

—Nada más y nada menos que cuando el alma toma carne.

13 de marzo

—*¿Y cuántas secuencias vitales suele tener un ser humano?*

—No hay un número fijo. Depende del estado evolutivo de cada alma. En definitiva, depende de vosotros. Se os ha dado la libertad, y vosotros elegís qué camino tomar. La andadura es vuestra, de nadie más.

—*¡Hoy me siento morir! ¡Hoy no veo el camino!*

—Saboreas la amargura de la vida. Te identificas con ella. Ahora no avanzas. Te sientes morir porque has olvidado quién eres en realidad.

—*¿Y quién soy?*

—En verdad eres un ser de Luz, pero que ahora camina entre las tinieblas. Estás desorientada.

—*¡Cierto! Busco trabajo, y no hay nada para mí. Apenas tengo dinero para vivir. A mi edad, nadie me quiere dar una* *oportunidad. ¡No veo la solución! Y mi familia me mira como si fuera un bicho raro. ¡Estoy desolada!*

—Has sucumbido a la negatividad. Oigo tu grito interior. Pero no olvides que por algo estás escribiendo estas palabras vivas, emanadas de la misma fuente del Creador. ¡Lo habías olvidado!

—*¡Sí! En este momento lo había olvidado.*

—¡Falta de Amor! ¡Falta de Confianza!

—*Sí. ¿Y para qué estoy escribiendo tus palabras?*

—Esta empresa se te ha asignado por un motivo muy especial. Verás, tus Hermanos mayores así lo decidieron. Vieron en ti un canal receptor capaz de sintonizar con ellos. Tú has creado un puente entre lo humano y lo divino. Mi Voz viene a través de ellos. Porque estas palabras trascenderán más allá de ti. Se convertirán en inspiración para muchos de tus hermanos del planeta Tierra.

—*Pero ¡soy tan pequeña…! Tengo ganas de llorar. ¡Esto es demasiado grande para mí!*

—Valoramos tu esfuerzo, ¡no lo olvides! Tu sacrificio tendrá su recompensa. ¡Ánimo!

—*¡Gracias! Mientras transcribo tus palabras, me siento tan cerca de Ti.*

—¡Somos Uno! Soy la Voz en tu interior.

16 de marzo

—*Esta Voz es Paz, Amor, Sabiduría, Luz. Y cuando te escucho, todos los problemas desaparecen.*

—¡Bien hallada!

—¡Sí! ¡Nada me falta! Pero resulta difícil mantenerse en ese punto de encuentro Contigo. ¡Este mundo nos absorbe tanto!

—¡Estad alerta, pues! No os podéis dejar engullir por cualquier cosa que pasa por delante de vosotros. No se os pide que le deis la espalda al mundo. Más bien debéis hacer las paces con él. En verdad, vosotros sois el mundo. ¿Comprendéis?

18 de marzo

—¡Comprendo! No obstante, cuando un amigo nos da la espalda y ya no quiere saber nada de nosotros, ¡nos sentimos tristes, abandonados!

—¡Que esto no os sorprenda! La auténtica amistad se reviste de Amor, y nada más. Un amigo que os ignora tiende a perderse en los asuntos cotidianos y no alcanza a ver más allá. La amistad fraterna jamás cae en el olvido. ¡Es así de claro! ¡Reflexionad!

—¿Deberíamos por tanto olvidarnos de aquellos que ya no se acuerdan de nosotros?

—¿Por qué? ¡Acogedlos en vuestro corazón, seguid amándolos! Esto ayudará a que despierten algún día y reconozcan el Amor que une a todos los seres de la Creación. Amar en silencio es también un acto de Amor.

19 de marzo

—*Tus palabras me emocionan. Es cierto, ¡estoy amando en silencio!*

—¡Proyectad vuestro Amor, dirigidlo hacia la gente! Os aseguro que siempre llega a su destino de forma instantánea. Eso sí, cuando améis, no esperéis respuesta inmediata. ¡Eso no os debe preocupar lo más mínimo! Porque si así fuera, no estaríais amando realmente. Más bien se trataría de un deseo insatisfecho, y nada más. ¡Desear no es amar!

—*¿Y qué es el deseo?*

—Un pozo sin fondo. Una huida hacia ninguna parte. La voz del deseo irrumpe tajante, por encima de todo. Tiene miles de máscaras para sembrar el engaño y crear la confusión. Os hiere, sí. Pero seguís siendo sus esclavos, aspirando a alcanzar el sufrimiento. Vuestro mundo os acosa con deseos, pero ¿no lo estáis viendo? Sois seres insatisfechos por no cumplir vuestros deseos.

20 de marzo

—*¡Los deseos nos conducen a la infelicidad! Y si es así, ¿cómo podemos dejar de tenerlos?*

—¡No va a ser tarea fácil, os lo aseguro! Mirad a vuestro alrededor: hallaréis el paraíso del deseo. Pero, entre todo eso, existe un espacio de libertad que no es ni más ni menos que vuestro. Situaos ahí, manteneos alerta y sed vosotros mismos quienes elijáis libremente, sin ser coaccionados o dirigidos por una mano invisible que solo alberga deseos de codicia. En su justa medida, hallaréis ese espacio en medio del teatro del mundo, pero, eso sí, sin perder vuestra identidad como seres libres que sois. Es vuestra voluntad la que os guiará, bien por el camino estrecho del deseo o bien por los infinitos horizontes de Libertad.

—*En ese caso, el deseo es una esclavitud. Ejerciendo la Libertad, rompemos las cadenas del deseo. Pero muy pocos seres han alcanzado esta Libertad. ¡Los santos, los Cristos…! Va a ser una tarea muy difícil para la gran mayoría de los seres humanos.*

—¡Difícil, sí, pero no imposible! Si algunos lo han conseguido, eso significa que otros los seguirán. Lograrlo solo depende de vosotros mismos, y de nadie más. La voluntad es vuestra mejor aliada. Desarrolladla, fortificadla en vuestro interior, porque así encontraréis la clave del discernimiento justo.

21 de marzo

—*¿Discernimiento justo?*

—Conlleva un estado de introspección, de hacer una pausa entre tanto alboroto. La mente agitada es como una nube gris que no os deja ver nada. Debéis hacer que aflore la Paz antes de tomar cualquier tipo de decisión. De lo contrario, erraréis. El discernimiento justo subraya vuestra identidad divina. Sitúa cada cosa en su sitio, trascendiendo lo sublime y despejando lo banal.

—*Eso significa que dentro de nosotros podemos hallar la decisión justa, sin equivocarnos.*

—¡Sí! Pero para ello debéis calmar vuestras ansias de dominio, que os tensan y crean desarmonía. Sin armonía no hallaréis la Paz interior. Sin Paz no tendréis el discernimiento justo.

—*La Paz nos dirige hacia la Felicidad.*

—¡Así es! Si vuestro ser nada en la Paz, todas vuestras decisiones serán acertadas y, en consecuencia, la Felicidad os sorprenderá al instante. ¿Por qué creéis que los sabios sonríen siempre?

—*¡Comprendo!*

—¡Ah! Pero no los confundáis con aquellos intelectuales de rostro agrio, muecas extravagantes y sonrisa falsa. Porque los auténticos sabios sonríen desde el corazón, son como niños que han aprendido a jugar con la Vida.

—*¡Qué maravilla! Y yo que pensaba que los sabios se hallaban en las universidades... Pero ¡qué equivocada estaba!*

—En las universidades solo encontraréis estudiosos de diversas disciplinas. La Sabiduría no se encuentra entre tantos libros y conferencias. No. Porque no me estoy refiriendo al saber intelectual, sino a la Sabiduría iniciática.

25 de marzo

—*Y ¿qué diferencia hay entre el saber intelectual y la Sabiduría iniciática?*

—La Sabiduría iniciática se desprende de todo artificio, simulación y especulación. En definitiva, es la Luz del Conocimiento marcado por un diapasón que sostiene los pilares de la Creación. Eso significa tener acceso a todo el Saber, sin limitación. Se trata de tener una comprensión absoluta del Ser. En cambio, el saber intelectual es un juego de acertijos, a veces inverosímiles, con el que nunca hallaréis la Paz, fruto de la Iniciación en el Saber divino.

26 de marzo

—*¡Tener ese Conocimiento iniciático es como ser un dios!*

—¡Sois dioses!

—*¿Somos dioses? Más de uno diría que esto es una blasfemia.*

—¡Sois dioses, sí! Pero ahora estáis desvinculados de vuestra estirpe divina. Veis la Divinidad como algo totalmente ajeno a vosotros y consideráis que no os atañe. Habéis perdido vuestras señas de identidad. Pero eso solo durará un tiempo, nada más. Los pastores de ovejas dejarán su cayado, porque ya no se necesitarán más guías para volver a casa. ¡Algunos de vosotros ya lo hacéis solos! La Libertad hiere al que no ve; por eso se defiende con una jactancia y una perfidia solemnes, y os señala de blasfemos. No es ahí donde debéis mirar. Pues es en vuestro interior más recóndito donde encontraréis la Verdad.

—*Sí.*

—Vuestros yugos caerán.

—*¿Cuándo?*

—¡Cuando dejéis de reconocerlos! Ya os lo he dicho, el pensamiento es creador. Mientras penséis que sois esclavos, seguiréis siendo esclavos.

—*Y si pensamos que somos dioses…*

—¡Seréis dioses!

30 de marzo

—*¿Y qué significa ser Dios?*

—¡Todo!

—*¿Todo?*

—¡Sí! El Todo.

—*Pero pienso en el Todo que se puede abarcar.*

—¡Claro! Piensas con una mente limitada. Yo no tengo límites.

—*En ese caso, ¡comprenderé el Todo cuando sea un dios!*

—Sí.

—*Es decir, ¿seremos dioses dentro del Dios Creador?*

—Vuestro pensamiento no lo puede abarcar. Dios no es una idea. La Divinidad se nutre de una única Fuente de Vida. La Unidad no significa estar dentro de Mí, no lo confundáis. Cuando se os dice que sois dioses, significa que sois Uno con el Padre. ¡Uno! No hay diferencias.

—*De este modo, ¡seremos Dios mismo!*

—Tenéis miedo de reconocerlo. Lo sé. Habéis olvidado vuestro origen divino, que ahora está enterrado bajo capas y capas de estiércol. No es vuestro cuerpo de carne el que debéis desdeñar y apartar del Espíritu. Al contrario, porque es vuestro cuerpo el que ha de convertirse en habitáculo de la Divinidad. La Unidad debe reinar para que exista el Amor. Pero sufrís, sí, por haber roto ese vínculo. Vivís en el olvido, como huérfanos, desorientados.

—*Sí. Entonces, nuestro cuerpo físico debería ser puro para recibir al Espíritu. La alimentación, el sexo, los pensamientos, los sentimientos... nuestra forma de vivir determinará nuestra pureza, ¡claro! ¡Hay que hacer mucha limpieza!*

—Todo os condiciona, absolutamente todo. Desde el más mínimo acto, desde que os levantáis por la mañana hasta que os vais a dormir. Deberíais estar más atentos y no dejar que entrasen en vosotros las impurezas del exterior. ¡Que reine la Paz en vosotros! Trabajad esto, y así os convertiréis en guardianes de la pureza. Cuando se ciernen las tensiones sobre vosotros, las impurezas se depositan y lo enturbian todo. Es cierto que la alimentación determina tener un aspecto u otro. De la misma manera, vuestra forma de pensar condiciona vuestros sentimientos. De igual modo que ingerís alimentos sanos, ¡que vuestros pensamientos sean luminosos, elevados, positivos! Y en cuanto al sexo, está absolutamente desvirtuado.

—*¿El sexo está desvirtuado?*

—Este tema le interesa prácticamente a todo el mundo, ¿verdad? Cuando digo desvirtuado, me refiero a que su comprensión es del todo superficial, un sinsentido que os ha llevado durante siglos a un precipicio cuyo abismo os atrae, sí, pero cuando os lanzáis a él acabáis sintiendo una desazón inexplicable. ¿Por qué? ¡Solo buscabais placer! Nada más. Y esto os debilita a lo largo de los años. El sexo es una puerta que se abre hacia fuera o hacia dentro. ¡Vuestra felicidad o infelicidad dependerá del sentido que le deis!

1 de abril

—*¿Qué significa que el sexo es una puerta que se abre hacia fuera o hacia dentro?*

—¡Benditos aquellos que comprendieron definitivamente el sentido del sexo! Su comprensión no vendrá determinada por el esclarecimiento a través de las palabras. No basta con ello. Es una metamorfosis del ser la que os abrirá los ojos. Sí. Hay que utilizar, sencillamente, la visión interior omnisciente, que todo lo simplifica a un solo punto: ¡el Fuego! ¡La Llama viva! ¡El resorte que os da la vida!

»Pues bien, ahí tenéis el impulso del sexo, una fuerza capaz de hacer estragos cuando es mal utilizada o, por el contrario, de llevaros a contemplar la irradiante Luz diamantina. Cuando retenéis su influjo, estáis sometiendo el sexo a una especie de mecanicidad repetitiva, meramente placentera. Esto viene a significar la puerta que se abre hacia fuera. Es decir, un hecho cotidiano que no hace más que provocar infelicidad entre los seres humanos, que siguen buscando fuera de ellos la eterna felicidad.

»Sin embargo, no ocurre lo mismo si abrís la puerta del sexo hacia dentro. ¡Pero muy pocos sois los que lo habéis hecho!, ¿cierto? Y aquellos que ya lo hacéis, sabéis perfectamente que albergáis una energía que tiene su base en el sexo y que puede ser impulsada por todo vuestro ser para alcanzar así la cima, en la parte superior de vuestra cabeza. Sí, esa energía se desplaza, y vosotros podéis llegar a dirigirla. Esto os llena del Amor más infinito. Todas vuestras células, todo vuestro cuerpo, todo se extasía.

3 de abril

—*¡Esto será el futuro de toda la humanidad!*
—Ya es un presente para algunos de vosotros.
—*Seguramente yoguis, santos…*
—Personas mucho más normales de lo que imagináis.

—*¿Normales?*

—¡Sí! Su fuerza de voluntad les está haciendo experimentar tal grado de Amor, en medio de vuestro ruidoso mundo. Ellos lo mantienen en secreto.

—*Pero ¿qué hacen para lograrlo?*

—Muy sencillo. ¡Dedicación! Y sus vidas cotidianas son muy similares a las demás, pero con algunos matices que van despuntando a medida que avanzan. Un día como otro cualquiera, se cuestionaron el verdadero sentido de la Vida. Y decidieron encontrar la respuesta dentro de sí mismos. Así que comenzaron a relajarse, a buscar la Paz interior, y esto los llevó a abrir una puerta. Y esta puerta abrió otra. Y así sucesivamente, aprendieron a descubrir su auténtico Ser, imagen divina.

—*¡Han aprendido a meditar!*

—Han aprendido a entregarse por completo. No es una técnica de meditación, no. Se trata más bien de una predisposición a darse uno mismo, sin reservas.

—*¡Eso es Amor!*

—¡Sí! Y cuando se entregan, están recibiendo la ambrosía celestial. Es una apertura desde el mismo corazón, aquel centro que os hace sentir profundamente. Y se produce así una interconexión directa con la realidad del Amor perfecto.

9 de abril

—*¡El Amor perfecto! Creo que todos llevamos dentro ese anhelo por alcanzarlo.*

—Lo lleváis impreso, sí. Queráis o no, ese es vuestro verdadero destino, y no otro. Eso mismo es lo que os aguarda al final del camino.

—*¡Hoy es Jueves Santo! La Semana Santa ha empezado en muchos lugares de la Tierra.*

—Son momentos para reflexionar. No obstante, la vida os conduce a otro tipo de quehaceres mundanos. Muy pocos han comprendido la esencia del calvario de Jesús. Y la vida de Jesús como hombre discurrió de forma sencilla y alejada de las grandes multitudes. Bien es sabido que fue hombre público durante un tiempo breve pero crucial para llevar a cabo la empresa que debía realizar.

—*¿Cuál es el mensaje del calvario de Jesús?*

—*¿Todavía pensáis que su crucifixión fue vuestra salvación?*

—*¿Y no es así?*

—¿Cómo podéis pensar semejante cosa, y después de tanto tiempo?

—*¡Es lo que nos han enseñado!*

—Aquel que verdaderamente ha reflexionado desde su corazón, afianzado en el Amor, sabe que un castigo tal solo es producto de circunstancias ajenas al verdadero mensaje de Jesucristo. Las miserias humanas chocaron de frente con él. Su presencia no era grata para la mayoría. De ahí que tuviese que padecer el sufrimiento de la cruz.

—*Y su mensaje fue comprendido por una minoría.*

—Los que abrieron sus corazones fueron unos pocos. Porque su mensaje iba destinado a los hombres de un futuro más avanzado. Hoy, sois más los que habéis comprendido. Jesús os muestra el camino que debéis seguir. No os dice que le imitéis, sino que os invita a que crucéis hasta la otra orilla, donde se alza una vida verdadera. Su Amor, incluso en esos momentos de tortura, no declinó ni un instante. ¡Ahí tenéis el mensaje! El Amor triunfa sobre todas las cosas.

10 de abril

—*Pero ¿pudo evitarse tal sufrimiento? Si Jesús ya sabía de antemano lo que le sucedería, ¿por qué no huyó?*

—¡Seguís sin comprender! Aquellos tiempos fueron determinantes para sembrar la semilla del Amor. Sin embargo, Jesús se encontró con altos muros antes de realizar la siembra. Los viejos hábitos reinaban por doquier. Él sabía perfectamente que su osadía llevaría aparejada determinadas consecuencias. Aun así, le valió la pena arriesgarse, ya que era el momento de sacudir el polvo depositado sobre el corazón del hombre. Hay momentos de renovación, y ese era uno de ellos. Y así es como ha sucedido y sucederá a lo largo del periplo humano.

»Otros como Jesús hicieron también su trabajo, antes y después, aunque su resultado no los llevó a tal sacrificio. Y el mismo Jesús, aun intuyéndolo, no optó por huir. Hasta el último momento no dejó de amaros, y escogió libremente adentrarse en las profundidades del sufrimiento humano. Sí. Para comprender en extremo el Perdón inconmensurable,

Jesucristo aceptó pasar por dicha experiencia. No en vano fue la Iniciación.

13 de abril

—¿*La Iniciación?*

—La materia física, el cuerpo de Jesús crucificado, liberó una reacción en cadena suficiente para aplastar fuerzas contrarias a su naturaleza. Su sangre aportó una savia nueva, distinta, fruto de la transformación de su ser íntegro por la unión con la presencia crística. La sangre de Jesús era de tal pureza que, al mismo tiempo que brotaba de él, podía insuflar la Vida. Su Iniciación fue superar la muerte física. Porque su cuerpo fue rehabilitado, sí.

—*De ser así, ¡la Iniciación es la Resurrección!*

—La carne espiritualizada no es caduca. Es capaz de regenerarse por sí misma. No obstante, Jesús no estuvo solo en tal empresa.

—*¿No estuvo solo?*

—La sanación fue progresiva. Las heridas causadas requerían una ayuda externa a él.

—*¿Y quién le ayudó?*

—Fue una labor en común, realizada por la Luz transmitida a través de seres próximos a Jesús.

14 de abril

—*¿Quiénes eran estos seres próximos?*

—Seres cuya estirpe sagrada no conocéis los humanos. Trabajan en comunidad, sirviendo a la Gran Obra del Sin Nombre. Jesús es uno de ellos. Son los Iniciados.

—*¡Los Iniciados!*

—¡Sí! La Hermandad vinculada a Cristo. Su fin inmediato radica en mediar entre los seres humanos y la corriente crística.

15 de abril

—*Así que sus Hermanos le ayudaron...*

—Los Hermanos de Jesús contribuyeron, sí. Pero sin el trabajo realizado por él, no hubiera sido posible. El cuerpo de Jesús era ya un receptáculo de la divina Presencia, y eso facilitó la sanación posterior. En ningún momento estuvo solo. Los Hermanos velaron por él, día y noche, mientras se encontraba dentro del sepulcro.

—*Se dice que tardó tres días en resucitar. ¿Por qué tres días?*

—Ese fue el tiempo en el que se llevó a cabo la Iniciación de Jesús. Mientras su cuerpo recibía el alimento de la Llama Sagrada, su alma realizó varios itinerarios durante esos tres días. Profundizó en el sentido humano de la muerte física. Conoció el sufrimiento desmedido del alma humana. Y, por último, se adentró en las profundidades de la naturaleza, madre de todas las cosas. Su cuerpo, como templo sagrado, reaccionó tras realizar esas travesías. Cada una de ellas supuso un grado de experiencia y, de este modo, se completó el nivel de Iniciación de Jesús.

16 de abril

—*¡Jesús es un Iniciado! Su sacrificio le valió esta Iniciación. Pero ¿existen más grados de Iniciación?*

—La formación continúa, no tiene límites. El camino hacia el Eterno es una maduración tras otra. Supone un empeño constante, pero no agotador, para aquellos que se han adentrado en la búsqueda.

—*Eso significa que Jesús sigue creciendo todavía, como el resto de sus Hermanos.*

—¡Evidentemente! Cada uno de ellos ostenta un determinado rango, y la convivencia refleja las diferentes tareas que tienen asignadas.

18 de abril

—*¿Quién se encuentra en la cima de esta jerarquía de Iniciados? ¿Qué tarea tiene asignada Jesús?*

—En verdad, no se trata de una jerarquía. Es una comunidad de Hermanos, y cada uno de ellos está caracterizado por una vibración distinta o similar. Esto viene a expresar cómo se manifiestan a través del Rayo, y se vinculan a un color determinado. Comprended que su ser es como un faro en medio de la oscuridad, y así es como se proyectan hacia el exterior irradiando la Luz que les es propia. Cada color tiene un cometido, pero no por eso es superior al otro. El Hermano Jesús, tras la Iniciación, sirve al Sin Nombre con el único propósito de guiar a la humanidad a través del Amor. Cristo en Jesús, para llegar al corazón del hombre, está predestinado a terminar la obra iniciada hace unos dos mil años. Su tarea no ha finalizado, como veis. Al contrario, ahora más que nunca vuestro corazón reclama su presencia.

—*Pero ¿nuestro corazón está preparado para recibir a Cristo?*

—Sois muchos, sí. Los hombres de antaño han mudado, y algunas corazas han caído por su propio peso. Unos habrán de esperar un poco más, y otros ya están dispuestos. Vuestra espera comienza a dar frutos. Seréis conscientes de este cambio que tanto reclaman los tiempos actuales. Ciertamente, lo sentiréis en vuestras propias carnes, como el agua que se vierte en la tierra, para después moldearla. Dejaréis de ser los de antes. Un nuevo hombre nacerá en vosotros que recogerá el Agua del Escanciador del Cielo.

20 de abril

—*Actualmente se habla mucho sobre la Era de Acuario. ¿Esto guarda alguna relación con el Agua del Escanciador del Cielo?*

—Para comprender en profundidad el significado trascendente de la Era de Acuario, no basta con adentrarse en libros y manuales. Hay que ir mucho más lejos. Porque, en sí, simboliza un cambio en todos los órdenes de vuestra vida. En verdad, es el Agua del Escanciador celestial la que os abrirá los ojos para que lo comprendáis de forma absoluta. El agua puede tener muchas maneras de manifestarse, incluso algunas todavía desconocidas para vosotros. No os estoy hablando del agua que soléis beber, sino de la manifestación del Agua celeste en las regiones de la materia física. Su detonante es la Pureza y su potencialidad regenera lo sembrado en el corazón del hombre. La simbiosis del elemento Agua va a emprender un nuevo camino, donde proliferará una presencia más latente del aspecto femenino del Creador. Las viejas máscaras de rudeza y frialdad serán demolidas. Todo se verá afectado por el Agua vertida desde las regiones más elevadas del Cielo.

—*¡El Agua celestial abrirá una nueva era para la humanidad!*

—Esta Agua os revelará vuestra feminidad divina.

22 de abril

—*¿Feminidad divina?*

—Un cambio en vuestra mentalidad dará paso a la conciliación, marcada por la conquista del Uno. La historia de la humanidad ha afianzado un estereotipo masculino que sobrepasa lo irracional, creando un desequilibrio que aflora en cada momento de vuestras vidas personales. Llega ahora el tiempo de una presencia que activará el encuentro con vuestra naturaleza femenina, tan desarraigada y olvidada. Y os sorprenderá de tal manera que incluso modelará vuestros semblantes. Esto mismo se os revelará, cuando sintáis cómo el Agua del Cielo entra en vosotros para unirse a la Tierra de los hombres.

25 de abril

—*Pero ¿esto ya está ocurriendo en la Tierra?*

—Empieza a percibirse, pero de forma muy tenue. Sin embargo, muy pocos son los que están recibiendo el Agua: aquellos en los que se ha hallado el camino libre. Sí, ya se está derramando sobre algunos de vosotros.

—*¡Son pocos, muy pocos! ¿Cuándo nos daremos cuenta de que Dios existe, de una vez por todas?*

—Cuando os percatéis de que vuestra vida no es la auténtica. Cuando ya estéis hartos de sufrir y decidáis dejar de luchar contra vosotros mismos.

—*¿Dejar de luchar contra nosotros mismos?*

—Vuestra vida es una lucha constante, una especie de campo de batalla, donde siempre estáis buscando ganadores y vencidos. Es una tensión imparable que no sabéis cómo detener. El alma no respira, se ahoga. Y esto mismo lo lleváis haciendo vida tras vida, porque todo queda registrado en vosotros para la siguiente encarnación.

—*¿Es posible vivir en la Tierra como en el Cielo?*

—La Tierra es vuestra escuela para el aprendizaje del alma. Veis el Cielo como algo exterior a vosotros, cuando lo cierto es que es la vivencia del sumo Amor. Esto significa que estéis donde estéis, podéis ser representantes del Cielo, porque ya vive en vosotros. ¡Sois el Cielo!

27 de abril

—*¡Vaya! ¡Y yo que pensaba que era una especie de lugar, una morada!*

—Vuestra idea de un lugar no tiene nada que ver con el Cielo. De hecho, no es un espacio para compartir. Es la culminación del Ser que ha trascendido, alcanzando pues la Perfección.

—*Pero los seres que han alcanzado esta Perfección vivirán compartiendo una morada.*

—Seguís pensando en un lugar determinado. Eso no es así. No se trata de un espacio físico. La Perfección es la manifestación del Amor. Y el Amor es el Uno. La experiencia de la Perfección se comparte en la Unidad del Ser. Es un estado de sublimación en el que todos somos Uno.

29 de abril

—*¿Es como desaparecer, como abandonando nuestra identidad personal?*

—En verdad, dejáis de fingir que sois para vivir la autenticidad del Ser. Vuestra identidad personal no deja de ser una máscara con la que os sentís uno. Pero no os engañéis, porque lo cierto es que os manipula hasta el punto de haceros creer que sois esa máscara. ¿Comprendéis?

—*¡Sí!*

—Vuestra vida es una constante repetición del juego de diferentes máscaras. Además, interactuáis con ellas en un mundo también enmascarado. Todo queda manipulado al antojo de la personalidad más oportunista, que conoce todas las artimañas para causar la mejor impresión. Cuando caigan todas esas máscaras, llegará el momento del Sol despertando en vosotros. La Luz os abrirá el paso hacia la Perfección. ¡No lo dudéis!

30 de abril

—*¿El Sol despertando en nosotros?*

—El impulso del Sol naciente se muestra en vuestro cielo a diario. Pero lo que todavía no sabéis es que vierte en vosotros partículas incandescentes de una vida más próxima a Mí. Os estoy hablando del Espíritu del Sol. Viene a mostraros su aspecto físico, con todo su esplendor. Sin embargo, desciende a vosotros para fecundar toda vida, sin excepción. Ese Sol es un Ser, ni más ni menos. Y su Espíritu regenta una cadena de planetas y los instruye para el advenimiento del Cristo Solar.

1 de mayo

—*¡El Espíritu del Sol!*

—Es una manera de llamar al que realmente sostiene el equilibrio de la Balanza Cósmica. Se mantiene siempre alerta ante los cambios que se producen a lo largo de todas las oleadas de nuevas civilizaciones.

—*¿Balanza Cósmica?*

—Todo el universo creado por Mí está nivelado por la Armonía Divina. De no ser así, nada de lo que fue creado existiría.

—*¡Vaya!*

—¿Te sorprende?

—*¡Me maravilla! Es el Equilibrio perfecto.*

—¡Sí!

3 de mayo

—*Además del nuestro, ¡el Espíritu del Sol regenta otros planetas!*

—Pertenecen a otros sistemas alejados del vuestro. Ni el tiempo ni el espacio que conocéis pueden acercaros a ellos. Es un cambio de nivel vibratorio lo que os separa, nada más.

—*¿Estos planetas son físicos como la Tierra?*

—Difieren unos de otros. Cuanto más próximos se encuentran a su Regente Solar, más etérea es la materia.

—*¿Es posible visitar estos planetas?*

—El Espíritu no halla fronteras ante su paso. ¿Por qué lo dudáis? Vuestra duda os cierra todas las puertas. Así no se avanza. Hay que tener la certeza de que es posible.

—*¡Certeza!*

—La duda es un callejón sin salida. Si queréis cambiar vuestro mundo, si buscáis la grandeza de la Vida inmortal, dejad de dudar y poneos a trabajar con el Espíritu que desciende sobre vosotros.

—*Sí.*

—¡Dejar de dudar es creer en uno mismo! De este modo, la fuerza de vuestro Espíritu os reactivará para reencontraros con la Vida. Creéis que los movimientos que hacéis en la vida son la Vida. ¡Pero no es así!

—*Entonces, ¿qué estamos viviendo a diario?*

—¡No vivís! Eso no es la Vida. Vosotros morís cada día. Vuestras circunstancias os pierden, y así permanecéis alejados de vuestra verdadera identidad, que es inmortal, eterna.

—*¡Morimos cada día!*

—¡Empezad a tomar conciencia de que estáis aislados de la Vida eterna! ¡Sed conscientes de ello! Porque de esta forma intentaréis hallar la manera de transformar vuestra vida. Pero si no sois conscientes de ello, ¿cómo vais a dejar de morir?

5 de mayo

—*Hay que ser conscientes, ¡claro!*

—La Vida que os anima viene a resplandecer en vosotros porque sois sus Hijos bienaventurados.

—*¿Bienaventurados?*

—¡Sí! Desde los orígenes hasta el fin de los tiempos, la raza humana está destinada a sembrar en la Tierra la Era Dorada. Algunos de vosotros ya estáis contribuyendo a ello. Sin embargo, los tiempos actuales están reclamando cambios, nuevos horizontes más amplios. Y es por eso por lo que dentro de no muchos años los gobiernos de los países más desarrollados van a transformar sus políticas para vincularlas al Espíritu universal. Os sorprende, ¿verdad?

ESCUCHA MIS PALABRAS

—*¿Los gobiernos van a dirigir los países desde el Espíritu? ¡Es sorprendente!*

—Que no os sorprenda, puesto que los tiempos de cambio están haciendo resurgir la mayor apertura, para que los valores humanos trasciendan un poco más de lo que sois capaces de imaginar. ¡Es un paso, sí, pero un paso de gigante!

—*¡Esto es tan positivo para la humanidad entera…! Aunque ahora, a principios del siglo XXI, suframos crisis económicas a nivel mundial, epidemias de enfermedades que podrían derivar en pandemias y mortandad masiva.*

—¡Abrid los ojos! ¿No os dais cuenta del porqué de todos esos efectos negativos? La humanidad en sí forma un solo cuerpo, y por eso ahora siente tensiones, desarmonías, disonancias, todo ello fruto del egoísmo más despiadado. La sensibilidad llama a vuestra puerta. Ahora empezáis a estar preparados para dejarla pasar. Sin embargo, aunque os abrume la situación presente, sabed que la corriente de Vida amortigua toda presión que os haga llegar. En cierta manera, estáis viviendo una purga generalizada que vendrá a sanar el cuerpo de la humanidad, con el fin de prepararlo para la nueva aventura que se aproxima.

7 de mayo

—*¿Y cuál es esta nueva aventura?*

—La de una conciencia colectiva capaz de generar un movimiento del Todo conectado con el principio de Fraternidad universal. Esto verá su efectividad en los próximos años, en un futuro no muy lejano. Muchos de los niños que

están naciendo ahora en la Tierra serán portadores de la nueva Iniciación humana.

—*¿Esta nueva Iniciación humana afectará a todos por igual?*

—A unos más que a otros, naturalmente, pues esta conciencia colectiva reactivará los poderes que el hombre lleva consigo. Una gran familia humana resurgirá para enarbolar los más altos ideales del Espíritu trascendente.

—*¡Los ideales del Espíritu trascendente!*

—Sois receptáculo del poder del Espíritu. Cuando forméis esa familia universal, os veréis identificados con la Sustancia divina de Vida y escalaréis unos cuantos peldaños que os llevarán más cerca de Mí. Los ideales del Espíritu no tienen parangón con cualquier ideal humano. Vuestra imaginación no puede alcanzarlos. Pero para aproximaros a ellos, deberíais hacer que cese vuestro pensamiento calculador, y comprenderíais de inmediato el valor del Espíritu que todo lo anima. Es mi aspecto que da Vida.

8 de mayo

—*¡Tu aspecto que da Vida! Esto se sale de toda comprensión humana.*

—Comprenderéis, pero no como vosotros pensáis. No se trata de una comprensión intelectual, no. Más bien reside en la Fuente de vuestro verdadero Ser, el Yo siempre presente.

—*¡El Yo presente! ¿Eres Tú?*

—¡Somos Uno!

—*¿Qué es Uno?*

—Todo.

—*¿Visible e Invisible?*

—Todo.

—*¿Abarcable e Inabarcable?*

—Todo.

—*¿Quién te creó?*

—Yo mismo.

—*¿Qué había antes de Ti?*

—Yo.

—*Pero, ¿qué eres?*

—¡Sonríe! Haces la pregunta con cierto reparo. ¡No temas! Dios, vuelvo a repetir, solo es una palabra. Cuando vuestro Yo presente despierte de su prolongado letargo, no volveréis a formular esta pregunta. Porque seréis vosotros mismos el Dios manifestado. Mientras tanto, seguiréis buscando a Dios fuera de vosotros, cuando en verdad sois mi Presencia por linaje directo.

—*¿Linaje directo?*

—Es una manera de expresar lo que en realidad viene a representar mi reflejo en vosotros.

9 de mayo

—*Una vez más, me he quedado sin palabras.*

—¿Qué sientes?

—*Que estás aquí. Estás dentro de mí. Es así como te siento.*

—¿Indisolubles?

—*¡Sí! Es una sensación indescriptible, fuera de todo tiempo y espacio… ¿Dónde estoy ahora?*

—Este es el primer punto de partida para lanzaros a la búsqueda del Yo presente.

—*Es como si la mente se hubiese parado. Sin embargo, hay una actividad interior que es difícil de definir.*

—La zona del pensamiento se asemeja a un mar de fondo, donde uno puede naufragar, perderse sin más. No obstante, también puede convertirse en el trampolín hacia la otra orilla del pensamiento vivo. Cuando esto sucede, tenéis la amplitud mental que conecta con la Voz viva del Ser pensante. Lleva consigo la tonalidad del Primer Sonido origen de Vida. Y cuanto más os identifiquéis con él, más os iréis acercando al Yo eterno.

—*Pues la humanidad piensa mucho, pero no muy bien, por lo que parece.*

—No basta con pensar mucho; lo importante es cómo pensar. Subestimáis el poder del pensamiento. Os lo anuncio aquí, porque es con el pensar como os proyectáis hacia vuestro universo privado. Y es así como podéis ir más allá de ese universo, superando cualquier obstáculo que os encontréis en el recorrido.

11 de mayo

—*¡Creo que no sabemos qué es el auténtico pensamiento! A la vista está, después de ver cómo se encuentra el mundo.*

—Esto tiene una similitud con el hecho de estar abotargado. Corréis el riesgo de perderos durante todas las vidas terrenales. Y así vivís, sin más, pensando a niveles ínfimos de vuestra capacidad mental. Vivir en la plenitud es atesorar los bienes celestiales. Incluso vuestro pensamiento puede llegar a ellos solo con desearlo. ¡Alimentad todo pensamiento con la fecundidad de la Luz que recibís del mismo Sol naciente! Él os enseñará a albergar pensamientos luminosos, cálidos y elevados. ¡Está ahí todos los días, y no por casualidad!

—*¡El Sol, de nuevo…!*

—No le dais ninguna importancia. Y, sin embargo, está ahí para servir a la Luz del Cristo, Embajador de la Alianza renovadora de la naturaleza humana. Cuando seáis conscientes de ello, vuestra Tierra se unirá a otras Tierras en confraternidad, siguiendo el trazo de la onda de emisión del mismo Cristo. En ese momento, resurgirá la Nueva Tierra que tanto anheláis en vuestros corazones.

14 de mayo

—*¡Es cierto, la gran mayoría de los seres humanos desean un mundo mejor! ¡La Nueva Tierra!*

—Antes atravesaréis desiertos, caminos sin vida, fuera de toda conexión con la corriente divina. La sociedad humana actual es como un adolescente que se ha perdido en la noche, entre fiesta y fiesta. A pesar de todo, la maduración llegará para cada uno de vosotros. Fluctuaréis durante vidas, hasta que no podáis más. Seréis vosotros mismos quienes detendréis ese ir y venir descontrolado, un sinsentido donde el alma se encuentra atascada. Porque la Nueva Tierra por fin despertará en vosotros y se convertirá en vuestra señal de identidad. La conquistaréis desde las profundidades de vuestro ser, porque no es una Tierra exterior, sino un estado de Gracia que reúne a los siempre vivos de corazón.

—*¡Los vivos de corazón!*

—Ellos marcan el compás, para que no perdáis el sentido del ritmo de los latidos de la Vida. El entorno os condiciona, sí, y os habéis dejado llevar por su ruido, por la ausencia total de Armonía. ¡Dejad que aflore la música en vosotros, aquella que sabe cantar sin voz ni instrumento! ¡Vaciaos de consistencia superflua, vaciaos por completo y os veréis convertidos en una caja de resonancia por donde la Voz creadora amplificará vuestro Ser!

15 de mayo

—*¿Nuestro Ser se amplificará?*

—La reverberación supone abrir una puerta hacia los confines del universo entero. La consecuencia inmediata es que el Ser excede sus límites, sin pasos intermedios. Es una vía directa la que os proporciona la vibración del Sonido, mi Voz, para hacer caer todos los muros que os hacen sentir prisioneros. La amplificación del Ser abraza la Vida, es la comunión con el Todo.

17 de mayo

—*¡No sé qué decir! Todo lo que explicas está más allá de las palabras.*

—¡Sonríe! No pongas esa cara de circunstancias. Comprender el mensaje que os hago llegar es una tarea que requiere varias vidas. No hay que desesperar. Al contrario, ahora sabéis por donde debéis encaminaros para llegar hasta Mí. ¡Comenzad! ¡Ya!

—*Pero ¿sería posible hacerlo en una sola vida, en esta vida?*

—Completar los ciclos vitales requiere un gran esfuerzo por vuestra parte. Muchos de vosotros estáis viviendo una continuidad de la vida anterior, y por ese motivo tenéis un destino condicionado por ello. De todos modos, vuestro empeño en querer cambiarlo dependerá, indudablemente, de vuestra voluntad.

—*¡Querer es poder!*

—¡El Amor! La voluntad que nace del Amor no se queda a mitad del camino. Porque tiene toda la fuerza capaz de movilizaros y, al mismo tiempo, de guiaros con paso firme. De esta forma, nunca os perderéis, sino que avanzaréis seguros y con el ánimo despierto.

—*¡El Amor! ¡Siempre el Amor!*

—¡Sin duda alguna! Yo Soy el Amor. Entonces, qué mejor camino que el Amor para reencontrarnos.

18 de mayo

—*¿Y el amor entre los humanos?*

—Es una imagen distorsionada del Amor verdadero. Lo habéis convertido en una especie de mercancía, tanto que habéis perdido el sentido de su nobleza. Os valéis de él para camuflar vuestras artimañas y engaños. Sí, decís su nombre para llenaros la boca con una palabra, y nada más. El Amor os tiende la mano para compartirlo con los demás. Pero no se trafica con él, no se vende ni se compra, porque el Amor es la mayor ofrenda desinteresada.

—*Pero la Madre Teresa de Calcuta y otros han sido un claro ejemplo de Amor.*

—Algunos de vuestros hermanos sí que han sabido valorar la razón misma del Amor. En realidad, sus vidas han sido un vivo ejemplo de entrega por los demás, fundamentadas única y exclusivamente en el acto de amar. La sencillez, la humildad y sobre todo la compasión han desatado en ellos una fuerza inagotable, que no se extingue jamás. Aun después de abandonar la Tierra, siguen trabajando por los demás con el mismo tesón que les caracterizaba en su anterior vida. Los Hijos del Amor dejan una estela por siempre eterna.

20 de mayo

—*¡Los Hijos del Amor! Me llega al corazón y me emociono.*

—Sentirlos es una manera de evocarlos, hacerlos presentes en un solo instante. Podéis entrar en contacto con ellos con un simple pensamiento. Y así sucede, sin más, porque todo está interconectado en la Creación.

—*¡Al igual que Tú y yo! Ahora mismo Te siento y estás aquí presente.*

—Un día no necesitaréis utilizar medios externos de comunicación. Seréis vosotros mismos, sí, el medio más eficaz para emitir y recibir todo tipo de señales.

—*¿Estás hablando de telepatía?*

—Es mucho más que eso. Pero para llegar a este desarrollo humano, que ya es incipiente, habrán de pasar varias generaciones.

—*En ese caso, no necesitaremos internet, teléfono...*

—¡Nada de eso, por supuesto! Os comunicaréis con los demás y con el resto del mundo de una forma instantánea. No obstante, eso solo será el resultado de un avance hacia la plenitud del Ser.

—*Pero ¡qué pequeños somos todavía!*

—No por ser pequeños estáis fuera del Proyecto conjunto que atesora ideales de superación y enaltecimiento, con el fin de que la humanidad alcance su estado más elevado de existencia.

—*¿Proyecto conjunto?*

—¡Sí! No estáis solos en este cometido. Vuestros Hermanos mayores, hombres en el pasado, han comprendido muy bien que la búsqueda de la Verdad favorece a todos por igual. Por ese motivo han decidido estar más cerca de vosotros, para alentaros con su más puro Amor.

21 de mayo

—Jesús es uno de ellos, ¿verdad?

—Él no se ha separado de vosotros ni un instante. ¿Qué más pruebas queréis? Es evidente que sus Hermanos y él están presentes en vuestras vidas. Vigilan el devenir de los días de la humanidad, y de una forma que os sorprendería. Sí. Velan por vosotros porque os consideran sus Hermanos y os aman.

—*Siento que este manuscrito está llegando a su fin.*

—Debes prepararte para los que vendrán tras este.

—*¿Qué quieres decir?*

—Este es el primero. Después vendrán otros.

—*¡No quiero dejar de escuchar tu Voz!*

—Mi Voz a través de ti.

—*¡Te amo!*

—¿Cómo te sientes ahora?

—*¡Ilimitada! Es como si lo abrazara todo. ¡Yo soy el Todo!*

—Sí.

—*¡Qué paz!*

—La Paz.

—*¡Tu Paz!*

—Hija mía, tu constancia está dando los frutos esperados. ¡Gracias por servir a la Luz que te da la Vida! Los Hermanos te felicitan. Ellos te han guiado hacia Mí.

—*¡Ellos son como mediadores entre el ser humano y Tú!*

—Son como filtros, conexiones directas conmigo, el Creador, puentes indiscutibles entre lo divino y lo humano. Siempre sirviendo al Amor.

—*¡Gracias, Hermanos!*

—Del mismo modo, tú también te has convertido en puente.

—*Dios Padre, Dios Madre, ¿podrías enseñarnos una oración?*

—Resplandece la Luz en tu corazón./Siempre viva, nunca muere./Es el Sol cantando: Yo Soy el Amor.

22 de mayo

—*Sencilla y hermosa.*

—Directa.

—*¡Directa!*

—¡Sí! Dirigida al corazón.

—*¿Y una oración para alejar la negatividad?*

—Padre, a Ti me encomiendo,/en este momento de oscuridad./Envía a tus ángeles de la Luz,/para que así todo mal desaparezca./AMÉN. AMÉN. AMÉN.

—*Sí. ¡Gracias, eternamente gracias! ¿Por qué tres veces AMÉN?*

—Es una fórmula mágica de concentrar la energía y dirigirla a la consecución del objetivo. La fuerza de esta palabra repetida tres veces puede desencadenar corrientes poderosas, y por ello hay que saber encauzarlas correctamente.

—*¿Correctamente? ¿No basta con pronunciarlas, y ya está?*

—¡No es lo que decís, sino cómo lo decís!

—*¡Claro! Comprendo.*

—Para que esa fórmula dé resultado, no solo hay que pronunciarla. Previamente, es necesario realizar un trabajo interior, una preparación para comprender su funcionamiento en su conjunto. Estas tres palabras pueden estar vivas para unos y muertas para otros. Sois vosotros quienes les dais la vida.

23 de mayo

—*¡Fórmula mágica! ¿La Magia divina?*

—¡Efectivamente! Los milagros de la vida son producto de la Magia divina. ¡Sí, así es! Podéis ser sus artífices directos y serviros de ella para canalizar toda su maestría. Todos los servidores de la Luz divina son magos. ¿Os sorprende?

—*¡Sí, claro!*

—Pero, ¿qué creéis que es la Magia?

—*Bueno...*

—La magia divina os enseña a hacer posible lo imposible. ¿Y sabéis cómo lo hace?

—*Pues, la verdad… ¿Cómo lo hace?*

—El Mago de la Luz se sirve de su propio convencimiento. Proyecta, sin ningún tipo de duda, un pensamiento investido de Fe. Y sucede el milagro. Ellos no necesitan ver para creer. Ya creen antes de que suceda.

—*Es como adelantarse al futuro, porque ya saben qué va a suceder.*

—Pero ¡no es el futuro que vosotros creéis comprender! La supremacía de los magos de la Luz está inmersa en la Eternidad. Es un presente sempiterno, dentro de la constante creadora del propio Creador.

24 de mayo

—*¡Vaya! ¿Y los alquimistas? ¿Y la transformación del plomo en oro?*

—La alquimia ha sido objeto de vastos estudios. No obstante, y a consecuencia de ello, ha sufrido más de un

ESCUCHA <small>MIS PALABRAS</small>

ataque frontal por parte de individuos que no la han entendido por completo, y también ha sido objeto de absurdas interpretaciones. El verdadero alquimista comprende muy bien el sentido del Equilibrio en cada una de las facetas de su vida. A partir de ahí, sabe calibrar, medir sin error alguno, todo cuanto pueda acontecer fuera o dentro de él.

»Hay que decir que los que buscan convertir el plomo en oro son en cierta manera un ejemplo simbólico de lo que viene a representar la transformación del hombre ordinario en Iniciado. Porque es cierto que al mismo tiempo que la espera del oro les hace ser pacientes, durante todo ese proceso alquímico su ser se está renovando. En verdad, la alquimia divina es la muestra de la muerte de toda banalidad, como el plomo, para dejar aflorar al auténtico Ser de Luz, el Oro divino, la Divinidad.

—*Pero ¿es también posible convertir el plomo en oro?*

—Todo es posible para quienes se han convertido en servidores de la Luz divina.

—*¡Comprendo, sí!*

—Pero ellos ya no buscan el oro físico, porque ya han logrado alcanzar la Dorada Luz, siempre bañando su Ser.

—*Ahora vuelvo a pensar en Jesucristo. Cuando enseñó la oración del «Padrenuestro» a sus discípulos, en arameo... ¿Cómo es la oración original?*

—El arameo es una lengua de una gran fuerza, muy musical y, al mismo tiempo, dulce. Jesús dominaba varias lenguas de la época. Sin embargo, solía hablar en arameo cuando se dirigía a sus discípulos, pues creaba con ello –gracias también al tono vibrante de su voz, serena y profunda– un acercamiento instantáneo. La oración ha perdurado hasta vuestros días, aunque ha sido objeto de algunas variaciones a lo largo de los siglos. He aquí la oración original:

Padre Eterno, ascendido en las Alturas,
unifica nuestro Ser en el Tuyo,
santifica nuestras obras,
muéstranos el Perdón de los pecados,
libéranos del mal para glorificarte,
vierte en nosotros tu Amor y
guíanos a Ti para servirte,
eternamente,
ahora y siempre.
AMÉN.

25 de mayo

—*¡Sí! Tiene un cierto parecido con la versión actual. Jesús me conmueve profundamente. Creo que todavía hay muchos misterios suyos sin desvelar.*

—¡Os garantizo que así es! Sus discípulos más cercanos recibían enseñanzas iniciáticas. Esto solo se llevaba a cabo en momentos de intimidad, cuando no había ningún tipo de perturbación. Aun así, procuraban aislarse durante un tiempo, lejos del tumulto de los seguidores que se multiplicaban por doquier. Jesús también buscaba la soledad en más de una ocasión. Era necesario para llevar a buen término toda la metamorfosis de su Ser. Es cierto que los Evangelios os muestran de forma sintetizada una vida más bien pública de

Jesús. Sin embargo, su vida más íntima queda al margen, bien salvaguardada de todo rumor.

—*¡Enseñanzas iniciáticas de Jesús!*

—Muy pocos tienen acceso a ellas. Cuando Jesús escoge a unos pocos discípulos para recibirlas, lo hace porque ya sabe de antemano que fructificará en cada uno de ellos. Esas enseñanzas iniciáticas van acompañadas de unas prácticas que él dirige y en las que, al mismo tiempo, participa. Vienen de tiempos remotos, pero, de alguna manera, siguen estando presentes en la actualidad.

—*¿En la actualidad? Pero ¡estas enseñanzas son para muy pocas personas!*

—Es evidente que sí. Más de uno las está recibiendo de manera directa y desde su propia casa. Hoy, sí, hoy mismo se está produciendo, en este instante. ¡Ya os lo he dicho! Los Iniciados tienen discípulos en todos los planos de existencia. Pueden conectar perfectamente con los que reciben sus enseñanzas. El receptáculo debe estar libre y esperando a ser instruido. La Libertad fluye entre el maestro y el discípulo. Así se entabla una unión especial entre ambos, que traspasa los mundos, que no halla barreras.

26 de mayo

—*¡Aquí estoy, un día más! Y Tú estás aquí, por toda la Eternidad.*

—Sabed que vuestros días pueden convertirse en peldaños que os lleven hacia las Alturas. ¡Podéis hacerlo! ¡Tenéis todo el Poder para hacerlo! ¡No os subestiméis, nunca lo hagáis! Y si os caéis, os levantáis y continuáis. No estáis solos, os lo repito. Nunca abandono a mis Hijos. ¡Tened confianza!

—*¡Confianza!*

—Es vuestro amuleto, el impulso que os hace seguir hacia delante. Del mismo modo, os abrís así a la Vida. El discípulo se abre como una flor cuando recibe la Luz del maestro. ¡Tiene confianza!

—*Comprendo.*

—¡Mirad, aprended de los niños! ¿Cómo exploran el mundo que los rodea? Su experiencia está basada en una total confianza porque, de lo contrario, sufrirían un estancamiento tal que su desarrollo se vería negativamente afectado. ¡Reflexionad ! ¡Si ponéis vuestra confianza en el Cielo, sus puertas se abrirán para vosotros!

—*Seremos receptáculos de la Divinidad.*

—Sin duda alguna.

—*Hoy me he fijado en los pájaros que jugaban entre ellos, haciendo piruetas en el aire. Me he dado cuenta de que eran felices. Por un instante, he pensado que sabían más de la Alegría que los seres humanos.*

—Francamente, así es. Los pájaros saben que la Vida es Alegría. ¿Por qué cantan cuando sale el Sol?

—*Pues…*

—Porque saben lo que de elevado representa el Sol. Tienen mucha más conciencia del Cristo Solar que la mayoría de los seres humanos. La presencia del Sol naciente es digna de ser alabada por sus cantos. Se inclinan ante el astro rey con sus pequeños corazones.

1 de junio

—*Ahora me encuentro lejos de la naturaleza, y la echo de menos. ¡Hace días…!*

—Las vivencias que podáis experimentar en contacto con la naturaleza son, en definitiva, tesoros que alberga todo vuestro Ser. Están ahí, sí, para mostraros la autenticidad más sublime de la Belleza divina. Porque todo lo que se mueve al ritmo de la Armonía lleva consigo la esencia de la Divinidad. Y al mostrarse ante vosotros, es cuando descubrís que no hay nada más bello que el rostro verdadero de la naturaleza viviente.

—*Pero ahora estoy en medio de una ciudad, y casi ni se ve el cielo desde casa.*

—Podéis contactar con la naturaleza incluso aunque creáis que os encontráis muy lejos de ella. ¡No olvidéis que formáis parte de ella! Es vuestra Madre, que os acuna, siempre. Sin embargo, pensáis que no es así. Solo la veis en bosques, ríos, mares, montañas, animales…, pero la naturaleza es mucho más que todo eso.

—*¡Mucho más!*

—Es el aspecto tangible del Creador. Pero ¿no lo veis? ¡Está ante vuestros ojos!

—*¿Qué quieres decir?*

—Todo cuanto se expresa en la naturaleza viviente, todo, absolutamente todo, lleva consigo mi soplo de Vida. ¿Y todavía pensáis que sois superiores al resto de los seres vivos que la habitan?

—*Pues…*

—No vengo a juzgaros. Yo no os juzgo. Yo os amo. Solo os pido que abráis los ojos un poco más, y con ello abriréis vuestro corazón a la Realidad que ya está presente desde los albores de la Creación.

—*¿Qué Realidad?*

—La Vida verdadera. La Felicidad. El Ser. ¡Yo!

—*¡Sí!*

—Cuando sentís al Creador, no hay más distancias, todo está en vosotros. ¡Somos Uno!

—*¡Somos Uno!*

—Las distancias, echar de menos, todo ello son puras ilusiones. Os alejáis de la Realidad, de Mí, por aceptar un pensamiento totalmente erróneo. Vuestro pensar os hace ser como sois, y no otra cosa. Vosotros sois responsables de seguir creando con vuestros pensamientos distorsionados y en desarmonía con la Realidad. ¡Sed conscientes, pues!

2 de junio

—*Somos responsables.*

—Sois los hacedores de vuestro mundo y asimismo responsables por ello. Ya os lo he dicho, cada acto cuenta y, de esta manera, vais forjando vuestros días venideros con mayor o menor acierto.

—*¿También somos responsables de nuestros propios sufrimientos y desgracias, aunque sean por causas ajenas a nosotros?*

—La mayoría de vosotros pensáis que las desgracias que os afligen son inmerecidas. No obstante, si valoráis los hechos desde una perspectiva global, sin tener en cuenta vuestros juicios de valor, sopesaréis que en alguna medida provocasteis una reacción así.

—*¡Comprendo! Nuestros actos negativos provocan la infelicidad.*

—Cuando cristalizáis la negatividad en vuestro Ser, estáis llamando a voces a todo lo que tiene que ver con ella. Sin embargo, su polo opuesto, la positividad, os catapulta hacia las regiones de la Luz siempre presente. ¡Tratad, pues, de uniros a la Luz! Porque ella os salvará de todo mal.

—*¡La Luz nos salvará de todo mal!*

—¡Hijos míos, nos vamos conociendo un poco más, a medida que avanzan estas páginas! El mensaje que os quiero transmitir es de vital importancia para vosotros. Sé que os llegará al centro mismo de vuestro pecho. Es ahí donde me dirijo a vosotros. Millones de personas esperan mi vuelta, reclaman mi Presencia, pronuncian mi Nombre de antaño.

»Vengo a deciros que ya me encuentro entre vosotros, desde hace unas décadas camino bajo vuestro mismo Sol. No me busquéis, porque ya estoy con vosotros. Sí. Algunos más que otros ya me están sintiendo. Ellos ya lo saben. Y para los que todavía no me esperan, sabed que pronto se acerca la hora que avivará la Luz en vuestros corazones.

3 de junio

—*Entonces, ¡estás aquí! ¡Aquel que viene en tu Nombre!*

—Los tiempos del pasado se unen a los actuales para cerrar un ciclo.

—*¿Qué ciclo?*

—Una nueva coyuntura llama a vuestra puerta. Pensabais que vuestros altos castillos soportarían el paso del tiempo, pero no ha sido así. Ya os lo dije cuando veníais a escuchar mis palabras a través de Jesús. Hoy estoy aquí de nuevo. Y no he venido para juzgaros, no. La tierra fue removida y sembrada, y ya es hora de recoger los frutos. El misterio de la Vida será desvelado para muchos de vosotros. No subiré a altas cimas para hablaros, ni visitaré vuestros pueblos o ciudades para encontrarme con vosotros. Porque Aquel que ya me lleva dentro, mi receptáculo en la Tierra, se dirigirá a vosotros desde la más estricta intimidad. ¡Sí, así es!

4 de junio

—*¡Desde la intimidad!*

—Del mismo modo que sentís los latidos de vuestro corazón, así también descubriréis mi Aliento. Es muy sencillo. Y así se revelará mi Presencia, desde Aquel que ya os está mirando a los ojos.

—*¡Aquel…!*

—Él está presente, aunque no le veáis. Con un simple pensamiento vuestro, ya le estáis llamando. Él os escucha, a todos y sin excepciones.

—*Pero, si es un ser humano, ¿cómo puede escuchar a toda la humanidad?*

—Hay diferentes formas de escuchar. No se trata de tener un oído muy fino. Más bien, es una sintonía que reverbera en vuestro espacio y que puede percibir Aquel que ha desarrollado dicha facultad sensitiva.

5 de junio

—*¡El Hombre verdadero!*

—¡Vuestro Hermano, que no ha dejado de amaros ni por un momento! Ha vuelto porque necesitaba estar más cerca de vosotros, y con un cuerpo de carne. Esa ha sido su elección.

—*Una libre elección...*

—Evidentemente. A pesar de ser un Alma completamente avanzada, y sin necesidad de tener que reencarnarse, ha optado por nacer del seno de una mujer.

—*En ese caso, ¡su madre debe de ser una mujer muy especial!*

—¡Sencillez!

—*¿Sencillez?*

—La sencillez es la antesala de la Pureza de corazón.

—*Sí.*

—Es la Luz que guía a los más pequeños hacia lo más Grande.

—*¡Como lo era la Madre de Jesucristo!*

—Todas las mujeres que han dado a luz a un Hijo del Cielo saben que están sirviendo a la Gran Obra. Ellas lo hacen por Amor, y nada más.

8 de junio

—*Cuando se obra por Amor...*

—No hay más realidad que esa, porque el Amor os indica quiénes sois realmente. No hay otra cosa que os señale como auténticos que el simple acto de amar sin condición. ¡Amad, y seréis libres!

—*¡Amor, Libertad!*

—Esa es la Realidad, y no otra.

—*¡La Realidad!*

—¡Somos Uno!

—*¡Uno! Volver a la Fuente eterna de Vida.*

—¡Reconciliación! Despertar a la Vida es saber quién «Soy Yo».

—*¿Quién «Soy Yo»?*

—Ese «Soy Yo» es la supraconciencia del Ser. Es aquí donde nos encontramos, sin distinciones, cuando reconocéis que vuestro «Yo» es mi «Yo».

—*Por fin, la verdad.*

—Esa es vuestra verdadera Resurrección.

—*¡Resurrección!*

—¡Vida!

—*¡Amor!*

—«Yo Soy».

9 de junio

—*¡«Yo Soy»! Ahora no sé qué decir.*

—Porque no hay nada más que decir. Vuestro Yo eterno se halla por encima de las palabras, mucho más allá de lo que podáis imaginar. No necesita reinventarse, ni aparentar nada. Es porque es.

—*Es porque es.*

—No es un esclavo. La Libertad es su esencia. Lo conoce Todo. Es Todo.

—*El propio intelecto no puede abarcarlo.*

—¡Dejad el intelecto para otros menesteres! Se trata de otro tipo de comprensión, ya que el que conoce en verdad es ese Yo y no otro.

10 de junio

—*Hoy, otro día más.*

—¡Sí! Aunque penséis que se parece al anterior, solo será así si vosotros lo creéis.

—*Bueno, la rutina del día a día nos suele atrapar.*

—¿Rutina?

—*¡Sí!*

—Vuestros días os pueden matar, o bien daros la Vida eterna. ¿Comprendéis?

—*¿Qué quieres decir?*

—Lo que importa no es lo que hacéis, sino cómo lo hacéis. Para ser más explícito, vengo a deciros que mientras os zambulláis en pozos sin fondo de rutinas hechas de apariencias y desórdenes emocionales, seguiréis alejados de la corriente de Vida. Vuestras obras diarias determinan vuestra razón de ser. ¡Obrad pensando en la Eternidad! Elevando vuestros pensamientos, podéis construir un mañana mucho más fructífero que el que os imagináis.

—*¡Es verdad!*

—No esperéis más. ¡Empezad, ya!

11 de junio

—*Hay que empezar... ¡Sí!*

—Es por ello por lo que necesitáis emprender un nuevo rumbo en vuestras vidas. Enderezar el barco os va a costar un poco, sí, pero no por eso debéis afligiros. Mantener la calma es fundamental, porque ella os guiará entre las aguas más revueltas. Sirviendo a la Luz atracaréis en los mejores puertos, para seguir creciendo sin medida. Y en ese viaje, la aventura de la Vida, os reencontraréis con vosotros mismos, es decir, Conmigo.

—*Sin embargo, algunas personas desean morir para reencontrarse Contigo.*

—La muerte física es un letargo del alma, una especie de anestesia que supone un paréntesis para la experiencia del ser. Queda en suspenso la actividad consciente, ya que se detiene por un tiempo hasta la siguiente reencarnación.

—*En ese caso, la muerte física...*

—Es un descanso para el alma. Hay momentos para la acción, y momentos para retirarse y meditar. En realidad, todo forma parte de vuestro crecimiento. Es un movimiento similar a vuestra respiración.

—*¡Todo es importante!*

—Efectivamente.

—*Desde que empecé esta aventura Contigo, la verdad, mi vida está cambiando de rumbo. Ya no soy aquella persona de hace unos meses.*

—Juntos estamos haciendo este recorrido. Y, a medida que avanzamos, la Obra empieza a dar sus frutos.

12 de junio

—*¡La Obra!*

—¡Sí!

—*¡Este manuscrito!*

—En verdad, todo está escrito.

—*Sí.*

—¡Ha llegado la hora!

—*¿La hora?*

—La hora de ofrecerle al mundo el mensaje que encierran todas las palabras derramadas aquí.

—*¿Qué mensaje?*

—Estoy aquí. Soy Yo.

—*¡Dios!*

—Os amo.

15 de junio

—*¡El Amor!*

—Yo Soy el Amor.

—*¡Sí!*

—Soy el Alfa y el Omega, el Principio y el Fin de los tiempos, Visible e Invisible, el Todo en Uno. Miles de millones de años han transcurrido, y otros miles de millones transcurrirán antes de que lo creado vuelva a su Centro.

—*¡A su centro!*

—El Uno.

—*Entonces, la Creación...*

—La Creación surge de un solo impulso, un movimiento similar a la respiración.

—¿*A la respiración?*

—Sí.

—*¡El movimiento de la respiración!*

—La respiración consciente os atrae hacia Mí. Es el equilibrio de vuestro Ser. De la misma manera, una respiración inconsciente y descontrolada os aleja más de Mí.

—*¡Si respirásemos mejor, la Tierra sería un paraíso!*

—La calidad de la respiración hace que se desarrolle en el ser humano su naturaleza divina.

—*¡Increíble! Y sin necesidad de realizar otro tipo de prácticas más sofisticadas.*

—La verdadera respiración os abrirá el camino directo a Mí. Porque, a decir verdad, tras ese movimiento, escucharéis mi Voz.

—*¡Tu Voz!*

—Sí.

—*¡La Vida!*

—Sabed que vuestro aprendizaje en la Tierra es de suma importancia. Nada queda en el olvido, puesto que todo está escrito en el Libro de la Vida.

—*Pero todavía muchos se sienten perdidos en la Tierra…*

—¡Estoy aquí! Es mi Aliento el que inspira cada una de estas palabras transmitidas aquí. ¡Soy Yo!

—*Sí.*

—Solo os sentís algo desorientados, nada más. ¡No estáis solos, no! Nunca abandono a mis Hijos. Siempre estoy con vosotros. ¡Tened confianza!

17 de junio

—*¡Otra vez la confianza!*

—Las enseñanzas de antaño han quedado en desuso. Se han manifestado a lo largo de la historia humana para marcar unas pautas que seguir; me estoy refiriendo a las diferentes directrices de las religiones existentes hasta ahora. Bien, ha llegado el momento de abandonar las viejas usanzas: no hagáis por costumbre lo que otros os dicen que tenéis que hacer para alcanzar el Cielo.

»No hay que poner en duda la labor positiva de algunos guías espirituales. Sin embargo, su largo y rancio imperio comienza a declinar, tal vez porque el ser humano está empezando a encontrar su propio cayado. Por eso, os lo repito, ¡tened confianza en vosotros mismos! Vosotros, cada uno de vosotros, sois verdaderos sacerdotes, Hijos del Amor. ¡Dejad de ser ovejas, convertíos en auténticos pastores! ¡No necesitáis más guías que os orienten hacia Mí! Porque Yo estoy en vosotros y, por eso, es vuestro corazón el que debe guiaros. Es en la Libertad donde hallaréis la Verdad.

22 de junio

—*Sí… ¡Confianza en nosotros mismos!*

—No malinterpretéis estas palabras, porque la arrogancia puede derivar de una confianza excesiva en uno mismo y provocar todo tipo de contradicciones para aquel que no comprende. Hablo de una confianza que solo vuestro Ser más profundo es capaz de canalizar y manifestar en el mundo exterior, de liberarla con la actitud más humilde.

—*La humildad.*

—Es la desnudez total de vuestra alma. Todos los velos han caído, y la Vida se revela sin máscaras.

—*¡La Vida sin máscaras! Tiene que ser una maravilla.*

—Es el futuro más inmediato de la humanidad.

—*Pero algunos auguran un futuro bastante negativo.*

—¡Dejad a los pesimistas, obsesionados con las catástrofes! Están muy lejos de comprender la auténtica Belleza del ser humano. ¡Alejaos de ellos y aspirad a alcanzar nuevos horizontes llenos de Gloria! Vuestro auténtico hogar es la Felicidad. Este es vuestro más bello reto. Todo lo demás son interrupciones en vuestra andadura hacia la sublime Luz.

—*¡Sí!*

—Y aunque otros intenten arrebataros vuestros momentos de felicidad, sabed que nada de eso debe preocuparos lo más mínimo. Al contrario, debéis tener la certeza de que podéis restablecer vuestra felicidad solo con pensarlo. ¡No olvidéis el poder del pensamiento!

25 de junio

—*¡Es cierto! No debemos olvidarnos del poder de pensar.*

—¡Canalizadlo bien! Esa es la clave para que vuestra vida no se convierta en una total ruina. Os aseguro que podéis hacer milagros con tan solo pensar. El pensamiento-acción es un impulso, una energía capaz de encender una chispa, el corazón de la vida misma. ¡Que no os sorprenda!

Pues vosotros albergáis ese poder creador y, por mucho que os encerréis en vanos pensamientos, debéis saber que están construyendo vuestro mundo actual.

26 de junio

—*¡Es cierto! ¡Sí! No hay duda de que eso está ocurriendo en nuestro particular mundo, a veces tan gris.*

—¡Aligerad el pensamiento! Os pesa demasiado, sufrís una sobrecarga inútil por el simple hecho de dejar pasar a vuestra mente cualquier tipo de distracción y tenerla siempre ocupada. Todavía sois vulnerables, muy vulnerables. Porque si tuvierais el total control de vuestros pensamientos, os sentiríais ligeros de equipaje y, además, la auténtica Paz estaría tocando ya a vuestra puerta. La Paz es la antesala de la Felicidad. Solo una mente serena puede lograr una vida sensata, sin más descalabros originados por pensamientos sin control.

29 de junio

—*¡Sí! Pero el estrés de hoy es una locura, y hay tanto ruido en las ciudades... ¿Cómo vamos a serenar la mente con esta forma de vida?*

—¡Aislaos de todo ese caos, porque podéis hacerlo! Resulta evidente que os acecha un ruido constante, no hay duda. Sin embargo, procurad trabajar en la intimidad de vuestro hogar esa Paz tan necesaria para elevaros. Haced de ello una especie de diapasón que marque el ritmo de vuestra vida fuera y dentro de casa. ¡Que la búsqueda de la Paz se convierta en una costumbre para cada uno de vosotros! De este modo, seréis como un remanso de aguas cristalinas allí donde os encontréis.

—*Comprendo.*

—En ese caso, dejad de quejaros y poned en marcha ese trabajo tan primordial para que la humanidad avance hacia la auténtica Felicidad. ¡La Paz, Hermanos, la Paz en vuestros corazones! Porque vuestra crispación diaria está afectando a la vibración tonal de la Tierra, y por ello vivís una desarmonía que aumenta cada vez más. Y si no ponéis remedio ahora mismo, sufriréis las consecuencias del desequilibrio planetario.

1 de julio

—*¿Vibración tonal de la Tierra?*

—Es una nota más en el pentagrama de la Creación. Sin embargo, el sonido emergente de vuestro planeta está sufriendo lo que se consideraría un desajuste, provocado por las emanaciones negativas de la humanidad en su conjunto. La naturaleza se ve afectada por todo ello, lo que redunda en el resto de las criaturas vivientes del planeta Tierra. El sistema planetario del que formáis parte, con sus constelaciones incluidas, viene a representar una parte de la Armonía del universo creado. Por todo, vengo a comunicaros que la desarmonía que arrastráis puede provocar una reacción en cadena de cataclismos. Pero ¡no os alarméis, no! Vuestros Hermanos mayores velan para que eso no ocurra, y por ese motivo su presencia es tan importante para ajustar el equilibrio planetario. Del mismo modo, se pide vuestra colaboración, ya que cada uno de vosotros cuenta. Es una tarea de todos y para todos. La Creación tiene como base la Armonía. ¿Comprendéis?

3 de julio

—*Es evidente que, a veces, no te comprendemos. Entonces, te olvidamos.*

—Aunque me olvidéis, formáis parte del Todo creado. Vuestro olvido es una especie de ignorancia, un aturdimiento que vela vuestra imagen más sublime del Ser.

—*¿La Vida es reconocernos en ese Ser sublime?*

—Ese Ser conoce la verdadera Vida.

—*¿Y qué vivimos ahora?*

—¡No vivís!

—*¿Qué quieres decir?*

—¡Solo existís!

—*¡Existir!*

—¡Sí! Digamos que os encontráis en una fase intermedia de existencia, en parte activa y en parte pasiva.

—*No comprendo.*

—Aquel que vive, el Ser real, es pura acción: el Amor. Sin embargo, vuestra existencia se debate entre la reproducción de hechos más o menos similares y una pasividad que roza la desgana propia de esa pereza tan bien consolidada en muchos de vosotros. ¡Eso no es la Vida!

—*Pero ¡qué dormidos estamos!*

—Es evidente que sí. Sin embargo, algunos de entre vosotros están llamando a la acción nutrida solo por el Amor. Eso significa que se encuentran en una fase de existencia mucho más avanzada. Porque están llamando a la puerta de la auténtica Vida, que solo se abraza con el Amor más puro.

6 de julio

—*¡Vida, Amor!*

—Yo Soy la Vida. Yo Soy el Amor.

—*Sí.*

—Os anuncio aquí que podéis contar Conmigo. Mi semilla está depositada en cada uno de vosotros. Solo vuestra propia voluntad hará que germine. Es bien cierto que no estáis solos para acometer tal empresa, sino que recibiréis toda la ayuda que claméis al Cielo y sin límites. ¡Pedid, no temáis! Yo siempre os escucho, siempre.

—*¿Podemos pedirte cualquier cosa?*

—¡No os limitéis! ¡Confiad en Aquel que os ama!

—*¡Sí! Y, ¿cuál es tu voluntad? Se habla de ella desde hace siglos.*

—¿Mi voluntad?

—*Sí.*

—El Amor.

9 de julio

—*¡Tu voluntad es el Amor!*

—¡Sonreíd! Sabed que la Vida os abraza con Amor, y vuestros miedos os apartan de él. El Amor es para el valiente de corazón. No se cierne ante la oscuridad del más mínimo pesar, sino al contrario, se alza con la bravura del ser capaz de derribar todas las fronteras posibles.

—*¡Sonreímos tan poco!*

—¡Aprended de los niños!

16 de julio

—*Los niños. ¡Sí!*

—Ellos saben conectar con la eternidad de cada momento, lo saborean todo sin detenerse en hacer juicios de valor. A la vez, se enriquecen con el juego de la Vida, porque comprenden en qué consiste, evidentemente. Mi Luz les hace reír, y por ello reconocen de qué está hecha la Vida.

—*¿De qué está hecha la Vida?*

—¡De Alegría! Allí donde falte la Alegría, no me hallaréis. Aquel que os hable de Mí sin el pálpito de la presencia de toda Alegría, sabed que no está hablando de Mí, sino de una idea que encierra signos de engaño y manipulación. ¡La Alegría es mi tarjeta de visita! ¡No lo olvidéis!

19 de julio

—*¡Bendita Alegría! ¡Cuántas veces la echamos de menos!*

—Se trata de un largo proceso de maduración del Ser, pues es vuestro mayor logro alcanzar las altas cimas del Gozo. Mirad, vuestras pequeñas alegrías terrenales solo son atisbos nada comparables a la grandeza del más vivo vibrar del Ser. La Alegría en sí os sumerge en el Éxtasis, os transporta directamente a planos de existencia en los que muchos de vuestros Hermanos ya viven. Digamos que lo tenéis al alcance de vuestra mano; sin embargo, estáis atrapados en la inmensidad de una jungla y en mitad de una noche oscura.

»Pero os vuelvo a repetir que vuestra manera de pensar hará que se despeje el camino o que continuéis perdidos y sin rumbo. ¡Confiad! ¡Confiad en vosotros mismos! Sois los hacedores de vuestros pequeños mundos personales. En ese caso, ¿por qué no crear otros mundos más hermosos que el que ahora os alberga? ¡Creadlos, pues! Pensar es crear, ¡no lo olvidéis! ¡Sed más imaginativos! Tenéis todo el potencial del Creador. ¡Dejad de limitar vuestras vidas en repeticiones intrascendentes y anodinas! Sois mucho más que todo eso. ¡Sois pura Luz, aunque os envuelva un cuerpo de carne! Eso solo es un tránsito, nada más. Pero os habéis quedado cegados con la superficie y habéis olvidado por completo quiénes sois en realidad.

23 de julio

—*Ahora hay mucho culto al cuerpo. Lo físico se valora muchísimo en la Tierra. Las personas que no son bellas suelen sentirse algunas veces acomplejadas, incluso marginadas.*

—La mayoría de las veces estáis confundiendo la visión externa de un simple reflejo manifestado. Pero, sin duda, toda belleza externa no es más que una representación de la Belleza verdadera, aunque no siempre tiene el mismo semblante. Resulta evidente que confundís la versión con un original de la Belleza, la Madre de todo cuanto veis en vuestra Tierra física. Ahora bien, el culto exacerbado al cuerpo, tal como lo estáis viviendo en la actualidad, es una falta de equilibrio entre lo manifestado y lo que vive más allá de vuestro vehículo físico. Es cierto que habéis desarrollado ciertas cualidades físicas, y eso mismo tiene un aspecto positivo, evidentemente. Ahora bien, cuando un cuerpo no es un reflejo de la Belleza divina, viene a decir que no ha desarrollado aspectos del Ser interior, que aún está por hacerse lo que en verdad es el Ser completo. Y vuestra marginación física es otra falta de Amor por toda criatura viviente, ya posea una bella apariencia o sea menos agraciado.

24 de julio

—*Una falta de Amor.*
—¡Así es! No lo dudéis.
—*¡Hay que ser respetuosos con la fealdad!*
—Todo está por hacer, no hay nada que debáis menospreciar, nada. El plano de existencia humano se halla en un

punto de desarrollo álgido, y algunas almas comienzan a despuntar con tal aspecto que su presencia suele despertar más de una pasión.

»Ahora bien, estas pasiones son a veces provocadas por faltas de armonía con la Vida que todo lo inspira y desencadenan unas fuerzas que pueden llegar a destruir toda belleza que se presente ante ellas. Valorar la belleza externa, sí, pero para elevaros con ella hacia lo sublime de la auténtica Belleza, que realmente nutre a aquella que soléis ver con vuestros ojos físicos. ¿Comprendéis? Y ante la fealdad, no hay más que un proceso de crecimiento de aquel que la muestra, un simple reflejo del ser que está llamando a gritos a la Belleza. Porque todo volverá a ser iluminado con el semblante de la Divinidad.

25 de julio

—*El semblante de la Divinidad.*

—¡Evidentemente! Sin embargo, no os engañéis. Una cara bonita es un aspecto más del ser. Pero eso no significa que todavía no haya otros aspectos por desarrollar. La belleza exterior de un ser humano no es sinónimo de crecimiento interior. Simplemente, se ha manifestado una forma externa que está dando señales de una humanidad incipiente. Porque es así, aunque algunos no lo quieran. La Belleza reinará por doquier allí donde habita la Vida. Y este es también el futuro para todo ser viviente, puesto que la Vida le llevará a desarrollar todo cuanto el Creador ha sembrado en él, incluyendo la Belleza. ¡La más bella humanidad está por llegar!

29 de julio

—*¡La más bella humanidad!*

—Esa es la tendencia de todo ser humano.

—*¡La Belleza!*

—Ser partícipes de ella, al unísono.

—*¡Sí! Un día le pregunté a un niño quién era Dios. Él me respondió: «Dios es un pintor».*

—Pinto la Vida con todos los colores de la Creación. Observad la Naturaleza con toda su gama de colores. Los niños comprenden quién Soy Yo. Ellos ríen con el corazón abierto de par en par y reconocen a su Creador.

—*¡Pintas con Amor!*

—El Amor... Yo Soy el Amor.

—*¡Amor!*

—¡Amad! La Vida es Amor.

—*Pero ¿cómo podemos amar a nuestros enemigos?*

—¡Gobernad vuestro corazón!

—*¿Cómo?*

—Dejad de fingir.

30 de julio

—*Dejar de fingir para ser transparentes.*

—Construís vuestra vida sobre una especie de conjeturas que aprehendéis de otros. Más bien tendéis a crear una serie de fábulas con respecto a vosotros mismos. Ciertamente, estáis maniatados desde que nacéis al mundo, y sin saber en cierta manera que fingís en todo momento. Porque si lo supierais, irrumpiría la Verdad en vuestra vida. Y no hay más verdad que el Amor verdadero.

—*¡Gobernar nuestro corazón!*

—Para ser artífices del Amor.

—*¡Que así sea!*

—Por toda la Eternidad.

—*La Eternidad.*

—El Reencuentro.

—*Reencontrarnos…*

—En el Amor.

—*¡El Amor!*

—¡Yo Soy!

4 de agosto

—*No sé qué decir.*

—No hay más que decir.

—*¿Cuándo llegamos al Amor, se acaban las palabras?*

—El Amor es la forma de expresión más directa, sin palabras. Llegados a este punto, todo lo demás sobra. El mundo que conocéis os muestra su aspecto más tangible, pero no solo es eso. Y además, creéis dominarlo con el poder de las palabras. Sin embargo, silencia una Verdad que conmueve en lo más profundo a aquel que se adentra en ella, puesto que es aquí donde surge la Voz que da la Vida.

—*¿Y cómo habla la Voz de la Vida?*

—¡Hay infinitas formas de hablar!

—*¿Y cómo me hablas Tú?*

—Sin palabras.

—*¿Sin palabras? Pero yo siento las palabras que me llegan a través de Ti.*

—Tú lo has dicho. ¡Sientes!

—*¡Sí! No escucho Tus palabras, más bien las estoy sintiendo dentro de mí. ¿Qué es esto?*

—Lo he dicho. Hay infinitas formas de comunicarse. Digamos que te sumerges en un océano de Paz, donde las ondas sonoras fluyen con libertad y llegan a todas partes. En verdad, mantenemos estas conversaciones en un mundo muy distinto al tuyo, solo que tú las transcribes en palabras, y nada más.

6 de agosto

—*¡Vaya! Me parece increíble que yo esté haciendo esto.*

—¿Increíble?

—*¡Sí!*

—La Vida te sugiere un encuentro asiduo con la Divinidad. Es así de simple. No hay artilugios de ningún tipo, solo existe la voluntad que es capaz de llegar más allá de todo límite, la voluntad de querer hacerlo.

—*La voluntad.*

—Es la llave que todo lo abre.

—*¡No hay duda de que eso es así! Yo misma estoy viviendo la maravilla de transmitir tus mensajes.*

—Muestras un reflejo de la expresión divina.

7 de agosto

—*¿Y cómo es esa expresión?*

—El más puro Amor. No hay máscaras. Es el Corazón del Creador.

—*El Corazón del Creador y yo…*

—¡Somos Uno!

—*Entonces, ¿quién está escribiendo este libro?*

—La identidad está más allá de toda comprensión humana. Comienza por entender que un reflejo de la Divinidad está llegando hasta aquí, con un único propósito.

8 de agosto

—*¿Qué propósito?*

—La Verdad.

—*¿Qué Verdad?*

—La que esclarece toda duda. Y así sabréis quiénes sois.

—*¿Quiénes somos?*

—El molde de donde surgisteis se asemeja al trapecio, una figura cuya estructura molecular está en sintonía con la nota Do armónico.

—*¡Dios mío!*

—Eso solo es el principio. Después vienen las variantes que distinguen una raza de otra.

—*Así pues, la geometría y el sonido…*

—Son principios básicos de la Creación.

—*Estoy pensando en esa estructura molecular que está en sintonía con el Do armónico.*

—De todo movimiento emana un sonido propio. Las moléculas de esta estructura llevan en su raíz la emanación de ese Do armónico.

—*¿Podrían curarse las enfermedades a través del sonido que nos caracteriza, es decir, el Do armónico?*

—Evidentemente. Es la base de vuestra creación.

—*Pero ¿cómo podemos llegar a escuchar ese Do armónico?*

—Está dentro de vosotros. ¡Escuchadlo! Armonizará todo vuestro ser; incluso el cuerpo físico restablecerá la salud, íntegramente.

10 de agosto

—*¡La Verdad!*

—Cuando sepáis quiénes sois, ya no dudaréis de mi existencia.

—*Entonces...*

—Vuestro objetivo es derribar todos los muros que nos separan.

—*¡No será fácil!*

—La audacia será vuestro mejor aliado. A veces, os vendrá a visitar la amargura en este tramo del camino. Pero, una vez superados los obstáculos, ya nada más os separará de Mí.

—*Hay que perseverar, sí.*

—Mi Luz os guía desde el principio de los tiempos. Vuestro Hermano Cristo se encuentra más cerca de vosotros de lo que imagináis. Abridle vuestro corazón, y él hará el resto del camino por vosotros. Su Amor infinito por la humanidad no envilece jamás.

11 de agosto

—*¡Nuestro Hermano Cristo!*

—La materia condensada está sufriendo una transformación para albergar al Cristo. Camináis hacia él, aunque no lo sepáis. Ese es vuestro destino. Las pruebas por las que atravesáis no deben amedrentaros, son parte del camino.

—*Las pruebas, sí, a veces muy duras.*

—No son más que viejas cuentas que están por saldar. Ser conscientes de ellas es reconocer que vuestro esfuerzo por superarlas es el mejor avance hacia la Libertad.

—*Sí.*

—Es la hora.

—*¿Qué quieres decir?*

—La Esperanza.

—*¿La Esperanza?*

—¡Sí! La Esperanza le da alas a vuestra alma. ¡Mantenedla viva! De lo contrario, incrementaréis el sufrimiento.

—*Comprendo.*

—¡Reflexionad!

13 de agosto

—*Y tras la reflexión…*

—La cordura os llama a la puerta. Porque vuestros fracasos no son más que falta de Esperanza. El impulso que proyectáis cuando estáis faltos de ella es totalmente negativo. Este no es el camino que debéis recorrer. Seguid los consejos de vuestro corazón, porque es ahí donde florece toda Esperanza.

—*¡Esperanza de vivir el Paraíso!*

—Esperanza de Ser el que sois realmente.

—*¡Amén!*

—Mi testimonio es para cada uno de vosotros, sin distinción alguna.

14 de agosto

—*Gracias, eternamente gracias.*

—Soy la Voz de vuestro corazón. Serenad los entresijos de la mente, y hallaréis la forma más directa de percibirla. No hay fórmulas mágicas. Solo la quietud interior os llevará a conocerme de primera mano, sin intermediarios.

—*La quietud interior... Pero ¡la mayoría de la gente está tan agitada!*

—No durarán mucho esas turbulencias.

—*¿Qué significa eso?*

—Despunta el nuevo Sol. Su Luz es aún más poderosa que el Sol terrestre que conocéis. A todos os llegará su resplandor, que demolerá todos y cada uno de los muros que ensombrecen el alma humana.

17 de agosto

—*Un nuevo Sol.*

—Comienza una nueva era para la humanidad. Se avecinan grandes cambios. Los días están contados. Nada va a quedar fuera del alcance del Quinto Sol.

—*¿El Quinto Sol?*

—Dentro de la Orden de Melquisedec, se asocian los Hermanos que han colaborado en el resurgir de la humanidad desde sus principios. El Quinto Sol viene a presentarse como el Hermano que hará brotar el néctar de vuestros corazones. Venus es su regente. Ahora, la Tierra comienza a revelar quién es él. ¡Todo está hecho!

18 de agosto

—¿*Todo está hecho?*

—Su presencia ya es una evidencia para los que saben ver. No va a dar largas charlas, ni concentrar miles de personas a su alrededor. Más bien, se hará sentir como una suave brisa entre las hojas de un árbol, casi imperceptible, pero reveladora del más puro Amor.

—¿*Una presencia humana?*

—El Hombre verdadero. Aquí, vuelvo a nombrarle de nuevo.

—¡*Sí!*

—Preparadle el camino, porque ya está por llegar. Se aproxima a vuestras vidas, al ritmo de los latidos de un corazón apaciguado. El Hijo vuelve, para dialogar con vosotros en el más estricto silencio. Ahora, en cualquier momento, llamará a vuestra puerta. ¡Sonreíd, pues! Porque lo más Bello se aproxima a cada uno de vosotros. Seréis testigos directos de la Presencia.

—¡*La Presencia!*

—El Innombrable.

—¡*Dios!*

—¡Amad! El Amor es vuestro legado, y no otro.

—*¡Sí!*

—La misión está cumplida.

—*¿Qué misión?*

—Tu aportación al transcribir estas palabras del mismo Origen de la Vida.

19 de agosto

—*¿Eso significa que aquí se acaba?*

—Solo de momento, ya que emprenderás un nuevo camino con otro manuscrito. He aquí que harás de canal transmisor, una vez más.

—*Ya empiezo a sentirlo.*

—Lo sé.

—*¡Es sobre él!*

—Sí.

—*¡Gracias, eternamente gracias! ¡Amor!*

—¡Amad! ¡Amad! ¡Amad!